수레바퀴
헌법

최인호

지식공감

수레바퀴 헌법

최인호

수레바퀴 헌법을 출간하며

《수레바퀴 헌법》은 2021년 3월에 출간한 《정당은 바이러스다》를 상당 부분 수정하고 보완한 책이다. 따라서 이 책은 '정당은 바이러스다'의 보정판 또는 수정판으로 출간해야겠지만, 부득이 제목을 교체하고 새로운 책으로 발간하게 되었다.

제목을 교체한 가장 중요한 이유는 유튜브 Only Sir TV에서 소공자 선생님의 싸이 파워 강의를 듣고 중심의 원리에 대해 더 깊은 이해를 얻었기 때문이다. 조만간 소공자 선생님의 강의는 지구촌을 근원적으로 변화시킬 것이다.

또한, '정당은 바이러스다'는 부정적인 부분을 강조했지만, '수레바퀴 헌법'은 우리가 추구하여 성취해야 할 긍정적인 목표를 설정한 것이므로 제목을 교체하게 되었다. 지금은 우리가 수레바퀴 헌법이라는 긍정적인 부분에 집중함으로써 실제의 현실 세계를 변화시켜야 할 시점이다.

책 제목을 교체했으므로 '패러다임의 전환'이라는 서문도 교체하는 것이 상식이지만 약간만 수정하여 그대로 사용하기로 했다. 독자님들께서 넓은 마음으로 혜량해 주기를 바란다.

패러다임(paradigm)의 전환

지금 인류는 존망(存亡)의 갈림길에 서 있다. 이번 위기를 극복하지 못하면 인류라는 종족은 영원히 사라질지도 모른다.

인류가 이런 위기에 직면하게 된 근본적인 원인은 무엇일까? 세상의 모든 것은 우리의 생각으로부터 창조된다. 특히, 전 지구적 차원에서 진행되는 사건은 우리의 집단적인 생각의 창조물이다. 그러므로 지금의 위기도 우리의 집단적인 생각이 만들어낸 것임은 분명하다. 또한, 지금의 위기를 초래한 우리의 집단적인 생각은 무엇인가 잘못되었음도 분명하다.

왜 우리는 집단으로 잘못 생각하게 되었을까? 그것은 우리가 잘못된 패러다임으로 살아가기 때문이다. 패러다임은 사람들의 견해나 생각을 규정하는 인식의 틀이다. 그 인식의 틀이 잘못되었기에 우리는 집단으로 잘못 생각할 수밖에 없었다.

잘못된 패러다임은 어떻게 창조되었을까? 정치 시스템과 종교시스템은 패러다임을 창조하는 도구이자, 패러다임의 기본적인 구성

요소다. 특히, 산업이 고도화된 현대 사회는 정치 시스템의 영향력이 압도적으로 커지고 있다. 그러므로 잘못된 패러다임은 잘못된 정치 시스템에서 가장 큰 영향을 받고 있음도 분명하다.

잘못된 정치 시스템은 어떻게 만들어질까? 법(法), 그중에서도 가장 상위법인 헌법(憲法)에 의해 만들어지고, 헌법이 규정한 국가권력 구조의 틀 속에서 작동한다. 그러므로 헌법의 잘못된 국가권력 구조는 잘못된 정치 시스템을 만들어낸다.

그러므로 지구촌 헌법의 국가권력 구조가 올바르면, 올바른 정치 시스템이 뿌리내리고, 올바른 패러다임이 형성되면서, 인류는 집단으로 올바르게 생각하게 되므로 지금의 위기를 극복하고, 다시는 지금과 같은 위기를 겪지 않게 될 것이다.

그래서 다음의 두 가지에 대해 간절하게 깊이 생각했다.
지금의 국가권력 구조는 어느 부분이 어떻게 잘못된 것일까?
어떻게 하면 국가권력 구조를 올바르게 만들 수 있을까?

　그 결과 지구촌 모든 국가의 국가권력 구조는 모든 것이 있어야 할 자리에 있을 수 없도록 만들어졌다는 것을 알 수 있었다. 특히, 국가의 주인인 국민이 주인의 자리를 지킬 수 없도록, 그리고 주인의 자리를 정당이라는 이상한 집단이 꿰찬 후 주인 행세를 하고 국민은 정당의 종노릇을 하도록 국가권력 구조가 만들어진 것이 모든 문제의 원인이라는 것을 명확하게 알 수 있었다.

　따라서 국가권력 구조에서 모든 것이 있어야 할 자리에 있으면, 특히 국민이 주인의 자리를 되찾고 정당이 자기 자리로 돌아가면, 지금의 위기에서 벗어날 수 있다는 결론을 내리게 되었다.

　그래서 수레바퀴 헌법을 고안하고, 이 책을 쓰게 되었다. 수레바퀴 헌법은 국민이 국가의 주인으로서 주인의 자리에 앉아, 주인의 권리(主權)를 행사함으로써, 모든 것이 있어야 할 자리에 있게 하는 헌법이다. 그러므로 수레바퀴 헌법을 채택하면, 국민뿐 아니라 국가를 구성하는 모든 요소는 자기 자리로 돌아가고, 인류의 위기는 종식될 것이다.

수레바퀴 헌법은 소용돌이 원리에 따라 만들어졌다. 필자는 바이러스 질환으로 잃었던 목소리를 치료하면서 세포 차원의 소용돌이를, 찌그러지고 경직된 몸을 반듯하게 펴면서 몸 차원의 소용돌이를 체험하면서 소용돌이 원리를 이해할 수 있었다. 그리고 그 이해를 바탕으로 소용돌이 원리로 작동하는 수레바퀴 헌법을 창안하게 되었다.

그래서 이 자리를 빌려 세포 소용돌이의 원리를 가르쳐주신 강성철 박사님과 몸 소용돌이의 원리를 지도해주신 관웅 스님께 다시 한번 감사드리지 않을 수 없다.

지금의 위기는 좋은 기회다. 지금은 인류가 낡고 찌그러지고 비정상적이고 잘못되고 불완전한 구조 · 틀 · 시스템 · 패러다임을 벗어던지고, 새롭고 반듯하고 정상적이고 올바르고 완전한 구조 · 틀 · 시스템 · 패러다임으로 전환할 정말 좋은 기회다. 이번 기회를 놓치면 다시는 이런 기회가 없을 것이다.

　수레바퀴 헌법으로 올바른 정치 시스템이 뿌리내리고, 그로 인해 올바른 패러다임이 자리 잡으면, 우리는 올바르게 생각하게 된다. 우리가 올바르게 생각하면, 지금의 분열적이고 왜곡된 종교시스템도 올바르게 정돈되고, 올바른 종교시스템으로 더욱더 올바르게 생각하게 된 우리는 새로운 인류로 진화하게 될 것이다. 이번 기회에 수레바퀴 헌법을 장착함으로써, 우리 모두가 새로운 인류로 진화할 것을 기대한다.

　이제 본문으로 들어가 보자. 먼저 '국가는 생명체'라는 것을 이해하는 것이 중요하다. 왜냐하면, 수레바퀴 헌법은 국가가 생명체라는 것을 전제로 고안되었기 때문이다.

2021. 12. 1.
우면산 옆에서 재원 최인호

차례

수레바퀴 헌법을 출간하며 • 04
패러다임(paradigm)의 전환 • 05

CHAPTER 1.
국가는 생명체다 • 12

CHAPTER 2.
국가의 중심 • 19

CHAPTER 3.
혁명과 헌법 개정 절차 • 24

CHAPTER 4.
수레바퀴 헌법의 원리 • 26

CHAPTER 5.
국가가 소용돌이 원리로 작동하면 • 36

CHAPTER 6.
수레바퀴 헌법 • 45

CHAPTER 7.
정당은 바이러스다 • 54

CHAPTER 8.
수레바퀴 헌법을 채택하면 • 63

CHAPTER 9.
정의(正義)란 무엇인가? • 77

CHAPTER 10.
새로운 인류의 탄생 • 83

국가는 생명체다

국가는 살아있는 생명체다. 국가는 국민이라는 수많은 작은 생명체들로 이루어진 또 하나의 독자적이고 독립적인 생명체다. 수많은 세포가 하나의 시스템으로 조화를 이루어 몸이라는 독자적이고 독립적인 생명체를 창조하듯이, 수많은 국민은 국가라는 하나의 시스템으로 조화를 이루어 또 하나의 독자적이고 독립적인 생명체를 창조한다.

▲ 그림 1. 소용돌이 형태의 생명체들

모든 생명체는 〈그림 1〉과 같이 소용돌이 형태로 존재한다. 은하계, 태양계, 지구, 태풍, 영양, 물소, 사람, 소라, 조개, 호흡기, 순환기, 척추, 단백질, 탄수화물, DNA 분자, 원자, 소립자 등 우주의 모든 생명체는 소용돌이 형태이다. 어떤 생명체가 소용돌이 형태이면 소용돌이 원리로 작동하게 되고, 소용돌이 원리로 작동하면 소용돌이 형태를 지니게 된다. 그러므로 모든 생명체가 소용돌이 형태인 것은, 모든 생명체가 소용돌이 원리로 작동하기 때문이다.

모든 생명체가 소용돌이 원리로 작동하는 것은 소용돌이 원리가 우주의 모든 것에 적용되는 우주 근본 법칙이기 때문이다. 소용돌이 원리가 존재하지 않으면 지금의 우주도, 모든 생명체도 존재할 수 없다. 거대한 은하계에서 미세한 모래 한 알, 더 미세한 원소 한 알, 더욱더 미세한 에너지의 흐름에 이르기까지 우주의 모든 것은 우주 근본 법칙인 소용돌이 원리로 작동하고 있다.

소용돌이 원리는 존재의 원리이자 변화의 원리다. 소용돌이 원리에 의해 생명체를 구성하는 모든 것은 독자적이고 독립적인 시스템으로 조화를 이루어 완벽한 하나의 생명체로 존재하고 변화한다. 그러므로 국가도 하나의 생명체로 존재하고 변화하려면 소용돌이 원리로 작동해야만 한다.

또한, 소용돌이 원리는 생명체를 깨끗하게 정화하여 건강하게 만드는 시스템이다. 생명체가 소용돌이 원리로 작동하면, 생명체 내부에 존재하는 비생명적 요소는 분해되어 생명체를 구성하는 요소로 바뀌거나 생명체 외부로 쫓겨나게 되고, 그 자리를 생명적인 요소들로 채우므로 생명체는 건강해진다. 이런 방식으로 지구라는 생명체는 태풍 소용돌이를 사용하여 하늘과 바다와 땅에 존재하는 오염물질을 제거하고, 건강하게 존속한다. 그러므로 국가도 비국가적인 요소를 정화하고 강건하게 존속하려면, 소용돌이 원리로 작동해야만 한다.

소용돌이 원리는 모든 생명체가 우주의 생명 에너지를 공급받는 원리다. 소용돌이 형태인 모든 생명체는 소용돌이의 정점을 통해 우주로부터 생명에너지를 공급받는데, 그것이 인간을 비롯한 모든 생명체가 잠자는 이유다. 그러므로 국가도 우주로부터 생명에너지를 공급받으려면 소용돌이 원리로 존재해야만 한다.

소용돌이 원리는 우주에서 가장 효율적인 시스템이다. 만일 이보다 더 효율적인 원리가 존재했다면 우주는 그런 원리로 진화했을 것이고, 그런 원리로 진화한 우주는 지금의 우주와는 완전히 다른 모습을 지녔을 것이다. 어떤 생명체가 가장 효율적으로 존재하려면 반드시 소용돌이 원리로 작동해야만 한다. 만일 어떤 생명체가 소용돌이 원리로 작동하지 않으면, 비효율적이므로 시간이 지날수록 그 생명체를 구성하는 모든 요소는 흩어지며 사라지게 된다. 그러므로 국가도 가장 효율적으로 오랜 시간 동안 존재하려면 반드시 소용돌이 원리로 작동해야만 한다.

모든 생명체가 소용돌이 원리로 작동하는 것은 그 '중심(Core, 핵)'이 존재하기 때문이다. 원소는 원자핵, 몸은 단전, 태풍은 태풍의 눈(핵), 지구는 지구의 핵, 은하계는 거대한 블랙홀이라는 중심이 존재한다. 국가 또한 소용돌이 원리로 작동하려면, 반드시 '국가의 중심(핵)'이 존재해야 한다.

중심(핵)이 존재하면 소용돌이 원리로 작동하는 것은, 중심(핵)으로부터 구심력(求心力)이 발현하기 때문이다. 구심력은 중심(핵)이 끌어당기는 힘으로써 중심을 유지하는 힘이고, 원심력(遠心力)은 주변이 바깥으로 뻗어 나가려는 힘이다. 모든 생명체에는 구심력과 원심력이 동시에 존재한다.

생명체가 소용돌이 원리로 작동하려면, 중심(핵)의 구심력이 주변의 원심력보다 훨씬 강해야 한다. 적어도 구심력과 원심력의 비율이 7:3 또는 그 이상으로 구심력이 강해야 하고 만일 구심력과 원심력이 비슷하거나 그보다 약하면 그 생명체는 흩어지며 사라지게 된다. 구심력이 강하면 중심(핵)은 커지고, 소용돌이의 반경도 넓어진다.

국가 또한 소용돌이 원리로 작동하려면, 국가의 구심력이 원심력보다 훨씬 강해야 한다. 국가의 구심력이 강할수록 국가의 중심(핵)은 커지고, 국가 소용돌이의 힘이 미치는 범위는 넓어진다. 또한, 소용돌이 원리가 완벽하게 작동하므로, 모든 국가적인 문제가 사라지고, 국민은 자유와 평화와 번영을 누리며 국가의 주인으로 살아가게 된다. 그러나 국가의 구심력과 원심력이 비슷하거나 원심력이 더 강하면, 소용돌이 원리는 작동하지 않으므로, 국가는 분열되면서 수많은 문제가 발생하고 국민은 자유와 평화와 생명을 위협받으며 궁핍한 삶을 살게 된다.

국가는 인간의 창조물이므로 국가의 중심(핵) 또한 인간이 창조한다. 따라서 인간이 국가의 중심(핵)을 잘 만들어 중심의 구심력이 원심력보다 훨씬 강하면 국가는 소용돌이 원리로 완벽하게 작동하므로 번영하게 되지만, 그렇지 않으면 분열되어 흩어지며 사라지게 된다.

국가의 구심력이 강하려면 국가를 구성하는 요소 중, 무겁고 강한 에너지를 지닌 요소는 국가의 중심(핵)에 자리 잡고, 그보다 가볍고 약한 에너지를 지닌 요소들은 국가의 중심(핵) 이외의 부분에 자리 잡아야 한다. 그렇지 않고 가볍고 약한 에너지를 지닌 요소가 국가의 중심(핵)에 자리 잡고, 무겁고 강한 에너지를 지닌 요소가 그 이외의 부분에 자리 잡으면 구심력이 약하므로 국가는 흩어지며 사라지게 된다.

태풍, 몸, 세포, 원자, 지구, 태양, 은하계 등 우주에 의해 창조된 것들의 중심은 강한 구심력을 지니므로, 소용돌이 원리로 완벽하게 작동한다. 원자핵 · 지구핵 · 은하계의 핵(블랙홀)의 구심력은 그 주변의 전자 · 행성 · 항성의 원심력보다 훨씬 강하다. 그래서 전자가 원자핵 주위를 빛의 속도로, 지구가 태양 주위를 초속 11km로, 태양이 블랙홀 주위를 초속 217km로 공전하는 동시에 자전하지만, 중심의 강력한 구심력이 존재하기에 어떤 흔들림도 느낄 수 없을 정도로 완벽하게 소용돌이 원리로 작동한다.

그러므로 인간이 중심의 구심력이 강하여 완벽하게 소용돌이 원리로 작동하는 국가를 창조하려면, 우주의 원리에 따라 강한 구심력을 발휘하는 국가의 중심(핵)을 창조해야 하고, 그렇게 하려면 수레바퀴를 이해하면 도움이 된다. 왜냐하면, 수레바퀴는 인간의 발명품 중, 강한 중심의 구심력에 의해 소용돌이 원리로 작동하는 가장 단순한 형태의 기구이기 때문이다.

수천 년 전에 발명된 수레바퀴는 지금까지도 원형을 그대로 보존하고 있다. 수레바퀴의 구조는 〈그림 2〉와 같이 수레바퀴의 한 가운데에 "중심축(핵)"이 끼워지는 텅 빈 공간이 있고, 그 공간 주변을 '바퀴통'이 에워싸고 있으며, 바퀴통으로부터 사방으로 '바큇살'이 펼쳐지고, 바큇살의 끝부분을 '테두리'로 둘렀다는 점에서 청

▲ 그림 2. 수레바퀴의 구조

동기시대나 지금이나 변함이 없다.

수레바퀴가 수천 년 동안 그 원형을 보존할 수 있었던 것은 소용돌이 형태로 만들어져 우주 근본 법칙인 소용돌이 원리로 작동하기 때문이다. 그렇게 소용돌이 형태로 만들어져 소용돌이 원리로 작동하는 수레바퀴는 더는 개량할 수 없을 정도로 완벽했기에 수천 년 동안 그 원형을 보존할 수 있었다.

그러므로 수레바퀴 형태로 국가의 형태를 창조하면, 국가 중심(핵)이 강력한 구심력을 발휘함으로써 완벽하게 소용돌이 원리로 작동하는 국가를 창조하게 된다.

국가의 중심

▲ 그림 3, 반듯한 수레바퀴

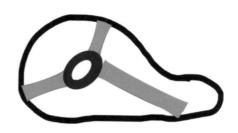

▲ 그림 4, 바큇살의 길이가 달라
찌그러진 수레바퀴

▲ 그림 5, 바퀴통이 없어 찌그러진
수레바퀴

▲ 그림 6, 바큇살과 바퀴통이
없어 찌그러진 수레바퀴

수레바퀴가 잘 굴러가려면, 수레바퀴의 중심이 존재해야 한다. 수레바퀴의 중심이 존재하려면, 〈그림 3〉처럼 '수레바퀴의 한가운데'에 수레 중심축이 끼워지는 바퀴통이 있어야만 한다. 그러나 〈그림 4〉처럼 바큇살의 길이가 서로 달라 찌그러지거나, 〈그림 5〉처럼 바퀴통이 존재하지 않거나, 〈그림 6〉처럼 바퀴통과 바큇살이 존재하지 않으면 수레바퀴의 중심은 존재할 수 없다. 수레바퀴의 중심이 존재하지 않으면, 수레바퀴는 처음부터 굴러가지 못하거나, 굴러가도 몇 번 구르지도 못하고 망가진다.

마찬가지로 국가가 잘 돌아가려면, '국가의 중심'이 존재해야 하고, 국가의 중심이 존재하려면, '국가의 한가운데(Center)'에 '국가 중심축(Core)'이 끼워지는 '바퀴통처럼 생긴 부분'이 존재해야 한다. 따라서 국가의 중심(핵)은 첫째 국가 중심축이 존재하고, 둘째 국가가 대칭형이어서 그 한가운데가 존재해야 하며, 셋째 대칭형인 국가의 한가운데에 국가 중심축이 끼워지는 바퀴통과 같은 부분이 존재해야 한다. 이에 대해 차례대로 살펴보면,

첫째, 국가 중심축이 존재해야 한다. 국가 중심축은 국가의 핵(核)이자 국가권력 구조의 핵으로서. 국가가 회전하며 앞으로 굴러가는 구심력의 원천이다. 수레 중심축의 힘으로 수레바퀴가 굴러가듯이, 국가 중심축의 힘으로 국가는 돌아간다.

국가가 소용돌이 원리로 작동하려면, 국가를 구성하는 모든 요소가 국가 중심축의 강력한 구심력에 의해 조화롭게 돌아가야만 한다. 따라서 국가 중심축은 국가를 구성하는 요소 중 가장 무겁고 강

한 에너지를 지녀야 한다.

국가를 구성하는 요소 중 가장 무겁고 강한 요소는 국민이다. 왜 냐하면, 국가의 존재 이유는 국민이고, 모든 권력의 원천도 국민이 며, 국가의 최초이자 최종적인 의사결정도 국민만이 할 수 있고, 국 민만이 국가의 주인으로서 주인의 권리(主權)를 행사할 수 있기 때 문이다. 그러므로 국민만이 국가 중심축이 될 수 있다. 만일 국민 이외의 어떤 국가권력(왕, 대통령, 의회 등)이나 정치조직(정당), 독재 자가 국가 중심축이 되면 국가의 구심력이 약하므로 국가는 존속할 수 없다. 그러므로 국가 중심축은 반드시 국민이어야 한다.

헌법은 형식적으로 누가 국가 중심축인지와 국가 중심축이 권력 을 행사하는 방법을 규정한다. 그러므로 헌법이 국민이 국가 중심 축임을 선언하고, 국민이 국가 중심축으로서 권한을 효율적으로 행 사하는 방안을 규정하면 국가 중심축은 존재하게 된다.

둘째, 국가의 한가운데가 존재해야 한다. 국가의 한가운데는 대 칭형 국가의 정중앙이다. 그러므로 국가의 한가운데가 존재하려면, 국가가 형태가 대칭형이어야 한다.

국가가 대칭형이려면, 국가권력 구조가 대칭형이어야 한다. 왜냐 하면, 국가권력 구조는 국가의 골격이기 때문이다. 몸 골격이 칼슘 으로 이루어지고 세포골격이 단백질로 이루어지듯, 권력으로 이루 어진 국가골격을 국가권력 구조라고 한다.

몸 골격이 대칭형이어야 몸이 대칭형이듯이, 국가권력 구조가 대 칭형이어야 국가도 대칭형으로 반듯해진다. 또한, 대칭형인 몸 골격의 한가운데가 몸의 한가운데이듯이, 대칭형인 국가권력 구조의 한가운데가 국가의 한가운데다.

헌법은 권력으로 국가권력 구조를 짠다. 헌법은 하나로 존재하는 국가권력을 여러 개로 분리한 후, 분리된 권력들을 다시 하나로 엮어 국가권력 구조를 만든다. 그러므로 국가의 한가운데가 존재하려면, 헌법으로 국가권력 구조를 대칭형으로 만들어야 한다.

수레바퀴는 가장 단순한 대칭의 소용돌이 형태다. 그러므로 헌법으로 국가권력을 수레바퀴 형태로 배치하면, 대칭이자 소용돌이 형태인 국가권력 구조를 만들 수 있고, 국가의 한가운데는 존재하게 된다.

셋째, 국가의 한가운데에 국가 중심축이 자리 잡아야 한다. 국가의 한가운데에 국가 중심축이 자리 잡으려면, 국가의 한가운데에 수레바퀴의 바퀴통처럼 생긴 권력이 존재해야만 한다. 바퀴통이 있어야만 수레 중심축이 수레바퀴의 한가운데에 끼워지듯이, 바퀴통처럼 생긴 국가권력이 존재해야만 국가 중심축으로서의 국민은 국가권력 구조의 한가운데에 자리 잡을 수 있다.

국가권력 구조의 한가운데에 바퀴통과 같은 권력이 존재하려면, 헌법으로 수레바퀴의 바퀴통처럼 생긴 권력을 창조한 후, 이를 국가권력 구조의 한가운데에 배치하면 된다.

이렇게 헌법으로 국가 중심축이 국민임을 확인하고, 국가권력을 수레바퀴의 바큇살처럼 대칭형으로 배치한 후, 수레바퀴의 바퀴통처럼 생긴 국가권력을 대칭형의 국가권력 구조의 한가운데에 배치하고 그 한가운데에 국가 중심축인 국민이 자리잡으면, 구심력이 강한 국가의 중심(핵)은 창조된다.

CHAPTER 3

혁명과 헌법 개정 절차

우주의 한가운데에 우주 소용돌이의 핵이 자리 잡는 과정에, 흩어져 있던 은하계와 은하계, 태양계와 태양계가 충돌하며 수많은 별이 깨지고 합쳐지는 혼란을 겪게 된다.

마찬가지로 국가권력 구조의 한가운데에 국가의 주인인 국민이 자리 잡는 과정에도, 흩어져 있던 국가의 모든 것이 서로 부딪히고 깨지며 하나로 통합되는 과정을 거친다. 그것을 역사적으로 '혁명'이라 하고, 혁명을 거쳐 국가권력 구조를 명문화하는 과정을 '헌법제정절차'라 한다.

그러므로 혁명은 국민적 에너지가 강력함에도 국민이 국가의 주인으로서 국가권력 구조의 한가운데(국가의 핵)로 자리 잡지 못할 때, 국민이 자기 자리를 찾아가는 과정에서 자연적으로 발생하는 현상이다. 그러므로 국민이 국가의 중심(핵)으로 자리 잡는 과정에 혁명은 필수 불가결한 요소다.

시간이 흐를수록 국민의 힘은 강력해지고 있다. 결국, 모든 국가는 국가권력 구조를 대칭형으로 만들고, 그 한가운데 자리를 국민에게 내줄 수밖에 없다. 그리고 그 과정은 고통과 혼란을 동반한 혁명을 거칠 수도 있고, 조용한 혁명을 통해 이루어질 수도 있다.

고통과 혼란을 동반한 혁명은, 기존 헌법의 범주를 벗어난 극단적인 방식으로 기존 질서의 파괴와 재창조가 진행된다. 그에 반해 조용한 혁명은, 기존 헌법의 헌법 개정 절차에 따라 합법적이고 평온한 방식으로 기존 질서의 파괴와 재창조가 이루어진다.

따라서 두 가지 방식은 모두 혁명의 한 가지 형태이고, 국민이 형식적이자 실질적인 국가의 주인으로서 기존 질서의 파괴와 재창조를 주도하는 헌법제정절차라는 점에서 동일하다.

고통과 혼란 없이 조용한 혁명을 통해 국민이 국가권력 구조의 한가운데에 자리 잡으려면, 기존의 헌법 개정 절차에 따라 국가권력 구조를 대칭형으로 만들고 그 한가운데 자리를 국민에게 내어주는 방식의 헌법 제정 절차를 선택하면 된다.

그렇다면 헌법을 어떻게 만들어야 조용한 혁명을 거쳐 국가권력 구조를 소용돌이 형태로 만들고, 국민이 국가의 핵에 존재하는 헌법을 창조할 수 있을까? 그 한 가지 예로, 수레바퀴 원리로 국가권력 구조를 만드는 방법을 제시한다.

CHAPTER 4

수레바퀴 헌법의 원리

소용돌이 원리로 작동하는 국가권력 구조를 창조하려면, 국가권력을 수레바퀴 형태로 배치하는 동시에, 수레바퀴에서 특정한 부분이 담당하는 기능을 국가권력 구조에서 그 부분에 해당하는 국가권력이 같은 기능을 담당하도록, 헌법으로 규정하면 된다.

수레바퀴처럼 국가권력 구조에 바퀴통의 역할을 담당하는 국가권력, 바큇살의 역할을 담당하는 국가권력, 테두리의 역할을 담당하는 국가권력을 배치하고, 그 한가운데에 국민이 자리 잡고 모든 국가권력을 통할하도록 헌법으로 규정하면 소용돌이 원리로 작동하는 국가권력 구조는 만들어진다.

수레바퀴 형태의 국가권력 구조에서, 수레바퀴는 '국가권력 구조', 수레와 수레 중심축은 '국민', 수레에 실린 짐은 '국민의 생명 · 자유 · 재산 · 명예' 등에 해당한다.

수레바퀴 본연의 기능은, 수레 중심축이 이끄는 대로, 수레와 수레에 실린 짐을 싣고 잘 굴러가는 것이다.

그러므로 수레바퀴 형태의 국가권력 구조에서 모든 국가권력의 원래 기능은, 국가 중심축인 국민의 뜻에 따라, 국민과 국민의 생명·자유·재산·명예를 책임지고 보호하며 잘 굴러가는 것이다. 따라서 이와 같은 국가권력 본연의 기능을 헌법에 명확하게 규정해야 한다.

수레바퀴의 입체적인 구조는 〈그림 7〉처럼 위에서 아래로 바퀴통, 바퀴살, 테두리의 순으로 배치된다.

▲ 그림 7. 수레바퀴의 입체도

그러므로 수레바퀴 형태의 국가권력 구조에서 '바퀴통 형태의 국가권력(이하 "바퀴통권력")', '바퀴살 형태의 국가권력(이하 "바퀴살권력")', '테두리 형태의 국가권력(이하 "테두리권력")'의 순으로 국가권력 상호 간의 위계질서가 정해지게 된다.

따라서 헌법에 '바퀴통권력', '바퀴살권력', '테두리권력'의 순으로 권력의 위계질서가 정해짐을 규정해야 한다.

▲ 그림 8, 수레바퀴 형태의 국가권력 구조의 평면도

    수레바퀴의 바퀴통은 수레바퀴의 한가운데에서 바큇살들을 하나로 묶어주고, 그 한가운데에 있는 텅 빈 구멍에 수레 중심축을 끼워 수레를 받쳐주며, 수레 중심축이 이끄는 방향으로 수레바퀴가 나아가게 한다. 그러므로 바퀴통은 중심축으로부터 가해지는 수레의 무게를 감당하는 동시에 바큇살을 통해 전달되는 외부의 충격도 이겨내야 하므로 매우 튼튼해야 한다. 또한, 바퀴통의 한가운데에는 텅 빈 구멍이 뚫어져 수레 중심축을 끼울 수 있어야 한다.

수레바퀴 형태의 국가권력 구조에서 바퀴통권력은 〈그림 8〉처럼 국가권력 구조의 한가운데에서 바큇살권력들을 하나로 통합하고, 그 중심에 국가 중심축인 국민이 자리 잡게 하여 국민을 보위하며, 국민이 이끄는 방향으로 국가가 나아가게 한다. 그러므로 바퀴통권력은 국민으로부터 가해지는 엄청난 압력을 감당하는 동시에 바큇살권력들을 통해 전달되는 외부적인 충격도 이겨내야 하므로 매우 튼튼해야 한다. 바퀴통권력을 튼튼하게 만들려면, 헌법으로 국민이 바퀴통권력에 가장 크고 많은 양의 국가권력을 위임하도록 규정하면 된다.

또한, 바퀴통권력의 한가운데에 국가 중심축이 자리 잡으려면, 그곳에 권력이 텅 빈 부분이 존재해야 한다. 바퀴통권력의 한가운데에 권력이 텅 빈 부분이 존재하려면, 바퀴통권력에 구멍을 뚫어야 한다. 바퀴통권력의 한가운데에 구멍이 뚫려 텅 비었다는 것은, 그곳에는 국민 이외의 정당이나 대통령 등 다른 어떤 권력도 존재하지 않는다는 것을 의미한다. 다시 말해 그곳은 '권력의 진공상태'여야 하는 것이다.

바퀴통권력에 구멍을 뚫어 권력의 진공상태를 창조하려면, 다수의 권력자로 하여금 바퀴통권력을 구성하게 하고, 그들의 권력의 크기를 똑같이 하며, 그들이 공동으로 국가 최고권력을 행사하도록 헌법으로 규정하면 된다. 그렇게 하면, 바퀴통권력을 구성하는 다수의 권력자가 지닌 똑같은 크기의 권력들은 중심을 축으로 서로 대칭을 이루게 되므로, 그 한가운데에는 권력들이 서로 상쇄되어 권력이 텅 빈 권력의 진공상태가 창조된다.

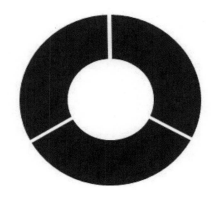

▲ 그림 9. 3인으로 구성된 바퀴통 권력

〈그림 9〉는 바퀴통 형태로 배열된 3개의 똑같은 크기의 권력들이 서로 대칭을 이룸으로써, 그 한가운데에 권력의 진공상태가 창조된 그림이다. 이렇게 바퀴통권력에 구멍을 뚫어 권력의 진공상태가 만들어지면, 국가 중심축으로서의 국민은 그곳에 자리 잡고, '국가권력의 중심이자 정점'으로서 모든 국가권력을 통할하게 된다.

수레바퀴의 바큇살들은 바퀴통으로부터 사방으로 균등하게 펼쳐져 테두리와 연결되고, 그 길이가 똑같아야 하며, 바퀴통과 하나로 단단하게 결합하여야 하고, 바큇살 자체가 튼튼해야 한다. 수레바퀴는, 바큇살이 사방으로 균등하게 펼쳐지지 않으면 쉽게 찌그러지고, 바큇살의 길이가 제각각이면 대칭을 유지할 수 없으며, 바큇살과 바퀴통이 단단하게 결합하지 않으면 쉽게 망가지며, 바큇살이 약하면 중심축으로부터 가해지는 압력과 외부적인 충격을 이기지 못하고 쉽게 부서진다.

수레바퀴 형태의 국가권력 구조에서, 수레바퀴의 바큇살에 해당하는 부분은 '바큇살권력들'이다. 따라서 바큇살권력들은 〈그림 8〉처럼 바퀴통권력으로부터 사방으로 펼쳐져 테두리권력과 하나로 연결되어야 하고, 그 크기는 똑같아야 하며, 바퀴통권력과 단단하게 결합하여야 하고, 튼튼해야 한다.

바큇살권력들이 바퀴통권력으로부터 사방으로 펼쳐지려면, 헌법으로 바퀴통권력이 보유한 권력 중의 상당 부분을 여러 개로 나누어, 같은 수의 바큇살권력들에 위임하도록 규정하면 된다. 이렇게 하면 바큇살권력들은 사방으로 펼쳐져 모든 국가영역을 골고루 관장하게 된다.

바큇살권력들의 크기는 똑같아야 한다. 하지만 서로 다른 국가영역을 담당하는 바큇살권력들은 성격이 서로 다르므로, 바큇살권력들의 크기는 서로 다를 수밖에 없다. 이렇게 성격과 크기가 다른 바큇살권력들의 크기를 똑같이 하려면, 헌법으로 바큇살권력들의 수장이 지닌 권력의 크기를 똑같도록 규정하면 된다. 바큇살권력들의 수장이 지닌 권력이 똑같으면, 바큇살권력들의 성격이 달라도 그 크기는 똑같아지기 때문이다.

바퀴통권력을 구성하는 다수의 권력자들은 공동으로 국가 최고권력을 행사하므로 그들이 지닌 권력의 크기는 똑같다. 따라서 바퀴통권력을 구성하는 권력자들이 바큇살권력들의 수장 역할을 하나씩 맡아 담당하도록 헌법으로 규정하면, 바큇살권력들의 크기는 완전히 똑같아지게 된다.

또한, 바큇살권력들의 크기가 시간이 지나도 계속 똑같으려면, 헌법으로 바퀴통권력을 구성하는 권력자들이 바큇살권력들의 수장을 일정 기간씩 돌아가면서 맡는 것으로 규정하면 된다. 이렇게 하면 수레바퀴가 굴러가듯이, 수레바퀴 형태의 국가권력 구조도 소용돌이 원리에 따라 회전하게 된다. 이처럼 국가권력이 회전하지 않으면, 권력자 개인의 능력이나 바큇살권력의 성격에 따라 시간이 지날수록 바큇살권력들의 크기가 달라지므로 국가권력 구조도 찌그러지게 된다.

이렇게 바퀴통권력을 구성하는 권력자들이 바큇살권력들의 수장 역할을 겸임하면, 바퀴통권력과 바큇살권력들은 단단하게 하나로 결합된다. 또한, 바퀴통권력을 구성하는 권력자들은 전체 국민으로부터 직접 권력을 위임받은 최고 권력자들이므로, 바큇살권력들은 튼튼할 수밖에 없다.

수레바퀴의 테두리는 수레바퀴의 외곽을 두르는 틀이다. 테두리는 둥근 형태로 바큇살들의 끝부분을 단단하게 두르면서, 바큇살들을 고정하고, 고무와 같이 부드러움과 탄력성을 갖춘 재질로 만들어져 외부적인 충격을 이겨내야 한다.

수레바퀴 형태의 국가권력 구조에서, 수레바퀴의 테두리에 해당하는 부분은 테두리권력이다. 〈그림 8〉처럼 국가권력 구조의 외곽에 테두리권력을 배치하면, 국가는 국가영역의 끝까지 빠짐없이 통할하게 된다. 테두리권력은 국가의 외곽을 구성하는 틀이므로 국가권력 구조의 일선에서 국민 또는 외부세계와 직접 접촉한다.

따라서 테두리권력은 외부세계로부터 국가를 수호하는 권력이자, 바큇살권력들과 일체가 되어 공정성과 유연성을 지니고 직접 국민과 접촉하는 권력이다.

테두리권력 중 외부세계로부터 국가를 수호하는 권력은 군대다. 따라서 군대의 규율은 엄해야 하고 그 구성원들이 강인함을 지녀야 한다. 또한, 테두리권력이 바큇살권력들과 일체가 되어 하나로 작동하려면 헌법으로 바큇살권력들과 테두리권력을 상명하복(上命下服)의 관계로 규정하면 된다. 또한, 테두리권력이 공정성과 유연성을 겸비하게 하려면, 모든 권력자는 국민의 공복이라는 점을 헌

▲ 그림 10, 수레 중심축이 끼워진 수레바퀴의 평면도

법에 규정하고 이를 위반할 경우 엄정하게 책임을 묻는 동시에 적정한 범위에서 재량권을 인정하면 된다.

바퀴통, 바큇살들, 테두리가 제자리에 배치되면 수레바퀴는 완성되고, 수레바퀴를 구성하는 모든 부분은 하나로 꽉 끼워져 맞추어지므로 쉽게 붕괴하지 않는다. 이제 그 한가운데에 〈그림 10〉처럼 수레 중심축이 끼워지면 수레바퀴 중심의 구심력이 생기고, 수레 중심축은 수레바퀴를 원하는 방향으로 이끌게 된다.

마찬가지로 수레바퀴 형태의 국가권력 구조는 바퀴통권력, 바큇살권력들, 테두리권력이 제자리에 배치되면 완성되고, 국가를 구성하는 모든 권력기관은 아귀가 딱 맞게 꽉 끼워져 단단하게 결합되므로 쉽게 붕괴하지 않는다. 이제 그 중심에 〈그림 11〉처럼 수많은 국민이 하나의 중심축으로 통합되어 국가 중심축으로 자리잡으면, 소용돌이 원리에 따라 국민은 국가권력을 원하는 대로 작동시키게 된다.

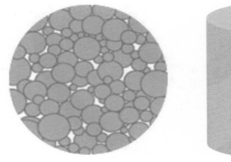

▲ 그림 11, 국가 중심축의 평면도와 입체도

국가 중심축은 국가권력을 작동시키는 에너지의 원천이다. 국가 중심축은 '주권자로 행동하는 다수의 국민'으로 이루어진다. 왜냐하면, 국가권력은 각종 선거권과 저항권이라는 주권을 적극적으로 행사하고, 주권자로서 행동하는 다수의 국민에 의해 작동되기 때문이다. 따라서 국가 중심축으로서의 국민을 〈그림 11〉처럼 다수의 가는 기둥으로 이루어진 하나의 굵은 기둥으로 표현할 수 있다.

국가권력 주변에서 흩어져 존재하던 다수의 국민이 하나로 통합되어 단단한 국가 중심축을 이루기 위해서는 반드시 바퀴통권력의 한가운데에 권력의 진공상태가 존재해야만 한다. 바퀴통권력의 한가운데에 권력의 진공상태가 존재해야만, 흩어져 있던 국민들이 저절로 권력의 진공 속으로 빨려 들어가 단단하게 하나로 통합되어 국가 중심축을 형성하기 때문이다. 만일 권력의 진공상태가 존재하지 않으면, 국민은 분열되고, 국가는 소용돌이 원리로 작동하지 못하게 된다.

단단하게 국가 중심축으로 통합된 국민은 이념이나 이익 따위로 분열되지 않고, 언제나 국가의 주인으로 존재하게 된다. 따라서 국민이 무엇인가를 바라며 정당이나 정치인들 밑에 줄 서는 행태는 완전히 사라지고, 오히려 정당과 정치인들이 국민 밑에 앞다투어 줄 서게 되며, 정당·정치인·언론 등이 국민을 속이는 행태도 완전히 사라지게 된다.

CHAPTER 5

국가가 소용돌이 원리로 작동하면

▲ 그림 12, 국가 중심축으로 자리 잡은 국민

국가권력 구조의 한가운데에 하나로 통합된 국민이 국가 중심축
으로 자리 잡으면 〈그림 12〉처럼 중심의 구심력은 최고로 강해진

다. 중심의 구심력이 최고로 강해지면, 중심을 축으로 국가는 소용돌이 원리로 작동하므로 모든 국가적인 문제는 일거에 사라지게 된다.

국가가 소용돌이 원리로 작동하면, 국가를 구성하는 모든 요소는 자기 자리를 찾게 되고, 반국가적인 요소들은 분해되거나 국가 외부로 쫓겨나게 된다. 그것은 태풍의 눈이 또렷하면, 태풍은 강력해지고, 태풍을 구성하는 모든 물방울은 자기 자리로 돌아가며, 오염물질은 제거되는 것과 같은 이치다.

자기 자리로 돌아가 소용돌이 원리로 작동하는 국가의 모든 것은, 본래의 기능을 완벽하게 발휘하게 된다. 국가를 구성하는 권력조직 · 대기업 · 중소기업 · 전문가 · 근로자 · 주부 · 학생 등등 ……. 모든 것이 각자의 능력을 완벽하게 발휘하는 것이다.

또한, 자기 자리로 돌아가 소용돌이 원리로 작동하는 국가의 모든 것은, 서로 의지하며 존재하게 된다. 국민은 기업이 있기에 존재하고, 기업은 근로자와 국민이 있기에 존재하며, 정부는 국민이 있기에 존재하고, 그 외의 모든 것은 서로서로 의지하며 존재하게 된다.

소용돌이 원리로 서로 의지하며 존재하는 국가의 모든 것은 하나로 통합되어 유기적으로 작동하므로, 국가는 독자적이고 독립적인 생명체로 재탄생하게 된다. 그 이전에 국가의 모든 것은 흩어져 있었고, 부분으로만 존재하고 있었으며, 제각각 움직이고 있었다. 하지만 국가가 소용돌이 원리로 작동하면, 흩어져 있던 국가의 모든 것이 유기적 일체로 통합되므로 비로소 국가라고 할 만한 독자적이고 독립적인 '생명체'로 드러나게 된다.

유기적 일체로 작동하는 국가는 본래의 기능을 완벽히 발휘한다. 이제 국가는 국가의 기능을 완벽히 수행한다. 기업은 혁신적인 발상으로 많은 이윤을 만들어내고, 군대는 국가와 국민을 안전하게 지켜내며, 정부는 국가업무를 공정하게 처리하고, 국민은 각자의 역할을 성실히 수행한다.

국가가 소용돌이 원리로 작동하면, 국가는 육각형의 아름다운 결정체(헥사곤,hexagon)를 이루며 빛나고, 국가를 구성하는 국민 한 사람 한 사람도 자기 자리에서 대칭형의 반듯한 육각형의 결정체 형태로 드러나며 빛나게 된다. 그것은 부분은 전체를 닮고, 전체는 부분을 닮기 때문이다.

▲ 그림 13, 대칭형의 다양한 물 결정

물 결정 사진은 이런 이치를 잘 보여준다. 〈그림 13〉과 같이 중심이 드러난 물방울이 결정체를 이루면, 물방울을 구성하는 모든 물 분자와 물 분자를 구성하는 모든 원소는 반듯한 육각형의 결정체로 드러나며 빛을 발하게 된다. 물방울이 이루는 결정체는 똑같은 것이 없이 모두 다르지만, 그 형태는 모두 반듯한 육각형이고 아름답다. 그러나 중심이 무너져 소용돌이가 사라짐으로써 결정이 붕괴된 물방울은 〈그림 14〉처럼 일그러지며 빛을 잃고, 그 물방울을 구성하는 물 분자들과 물 분자를 구성하는 원소들도 일그러지며 빛을 잃게 된다.

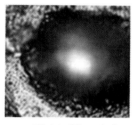

▲ 그림 14, 일그러진 물 결정

마찬가지로 국가가 중심을 축으로 결정체를 이루면, 소용돌이 원리가 작동하여 국가를 구성하는 모든 국민도 결정체가 되어 독자적이고 독립적이며 독창적으로 빛나고, 그 빛은 모든 영역에서 다양한 형태의 창의력으로 드러나므로 국가와 국민은 풍요를 누리게 된다. 그러나 국가의 형태가 찌그러져 결정체가 붕괴되면, 소용돌이 원리는 작동하지 않고, 국가를 구성하는 국민도 독립성과 독자성을 잃고 찌그러지며 빛을 잃고, 모든 분야에서 창의력을 상실하므로 국가와 국민은 빈곤의 나락으로 떨어지게 된다.

▲ 그림 15, 태풍의 눈

국가가 소용돌이 원리로 작동하면, 국가의 핵에서 국민은 강력한 구심력을 발휘하게 된다. 이제 국민의 구심력은 태풍의 눈에 자리 잡은 텅 빈 공이 〈그림 15〉처럼 강력한 구심력으로 태풍의 모든 것을 주관하는 것처럼, 국가의 모든 것을 주관하게 된다. 국민의 구심력은 바퀴통 형태의 국가권력이 국민을 단단하게 보위하게 하여 국가가 한쪽으로 치우치거나 찌그러지지 않게 하고, 모든 권력자와 권력기관이 제 기능을 발휘하게 해 권력자가 국민 위에서 군림하거나 공직자가 부정부패를 저지르지 못하게 만든다. 또한, 국가의 혈액인 돈이 국가 전체를 골고루 빠르게 순환하게 하고, 다음 세대를 반듯하게 교육함으로써 국가가 바람직한 방향으로 효율적으로 움직이게 한다.

그렇다고 국민이 모든 사안마다 적극적으로 개입하여 구체적인 결정을 내리는 것은 아니다. 이제 국민은 태풍의 눈처럼 고요하게 존재하고, 아무것도 하지 않는 것처럼 보인다. 하지만 고요한 태풍의 눈이 소용돌이 원리로 태풍을 완벽하게 작동시키는 것처럼, 국민에게서 발현하는 구심력은 소용돌이 원리로 국가의 모든 것을 완벽하게 조율하여 국가의 모든 것이 저절로 이루어지게 한다. 이를 노자(老子)와 한비자(韓非子)는 '무위(無爲) 무불위(無不爲), 아무것도 하지 않아도, 이루어지지 않는 일이 없다"라며 최고 경지의 통치라고 했다.

이제 국민은 밥 먹고, 출근하고, 친구를 만나고, 술 마시고, 영화 보고, 산책하고, 논다. 정치를 탓하지 않고, 정치인을 욕하지 않으며, 정치로 인해 서로 다투지 않고 그저 일상을 살아간다. 그러나 국가는 국민의 구심력에 의해 소용돌이 원리로 완벽하게 작동하므로 모든 것은 저절로 이루어지게 된다.

그러나 현재 지구촌에는 소용돌이 원리로 작동하는 국가는 존재하지 않는다. 이는 민주국가와 공산국가의 권력 구조를 수레바퀴 형태로 그려보면 알 수 있다.

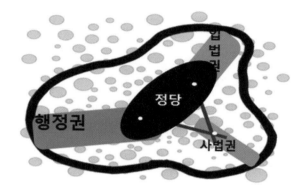

▲ 그림 16, 분열된 국민과 민주국가의 권력 구조

먼저, 민주국가의 권력 구조는 〈그림 16〉처럼 행정권 · 입법권 · 사법권이라는 3개의 권력으로 분립했지만, 분립된 권력들의 성격(색깔)과 길이와 굵기가 서로 다르므로 국가권력 구조는 대칭형일 수 없다. 또한, 바퀴통 형태의 국가권력 대신 정당이 행정 권력과 입법 권력을 묶어주고, 사법권과 입법권 · 행정권은 견제와 균형이라는 약한 끈으로 연결되어 있다. 또한, 국민주권주의(國民主權主義)를 선언함으로써 형식적으로 국민이 국가 중심축임을 선언하고 있지만, 국민은 권력의 핵에서 쫓겨나 분열되어 존재하고, 그 대신 정당이 실질적으로 국가의 주인 행세를 하고 있으므로 국가 중심축이 존재하지 않는다. 이렇게 민주국가는 바퀴통 형태의 국가권력과 국가 중심축이 존재하지 않으므로 구심력은 약하고 원심력은 강하므로 소용돌이 원리로 작동할 수 없다.

민주국가에 바퀴통 형태의 국가권력과 국가 중심축이 존재하지 않는 근본 원인은, 약 300년 전에 나온 몽테스키외(Montesquieu)의 권력분립이론과 정당제 이론에 따라 국가권력 구조를 불완전하게 만들었기 때문이다.

다음으로 중국공산당·북한노동당 등의 공산주의 국가의 헌법은 공산당이 국가의 주권을 행사하도록 규정하고, 공산당은 실질적으로 모든 국가권력을 장악하고 있다. 그러므로 공산국가의 형식적이자 실질적인 국가 중심축은 공산당이다. 하지만 공산당은 진정한 국가 중심축일 수 없고, 국민은 〈그림 17〉처럼 공산당에 짓눌려 그 모습을 전혀 드러내지 못하고 있다.

당연히 국가권력 구조에 국민의 자리는 존재하지 않고, 국민은 주권자의 지위를 상실한 채 국가권력 구조의 밑바닥에서 피지배층으로만 존재하고, 공산당이 유일한 집권당이므로 교체할 방법도 없다. 이 같은 국민의 지위를 공산당은 인민민주주의라고 미화하지만, 그 실체는 현대판 노예에 불과하다. 그러므로 공산국가에는 국가 중심축이 아예 존재하지 않는다. 따라서 국가의 구심력은 원심력보다 약하다.

▲ 그림 17. 분열되어 짓눌린 국민과 공산국가의
권력 구조

이에 공산국가는 국가권력 구조의 한가운데에 자리 잡은 공산당
이 불규칙하게 흩어져 존재하는 국가권력들을 강력하게 통제함으
로써 국가권력 구조가 붕괴되는 것을 막고 있다. 하지만 그로 인
해 국가권력 구조는 경직되어 공산당을 중심으로 굳은 떡처럼 단
단하게 한 덩어리로 뭉쳐져 작동한다. 따라서 바퀴통권력과 바큇
살권력은 존재할 수 없고, 국가권력 구조는 대칭형일 수 없으므로
국가의 한가운데도 존재하지 않는다,

이렇게 공산국가에는 국가 중심축은 물론, 바퀴통권력과 바큇
살권력도 존재하지 않으므로 소용돌이 원리가 작동할 수 없다. 그
근본 원인은, 막스-레닌주의(Marxism－Leninism)의 공산당 독재
이론에 따라 공산당이 모든 국가권력을 통합하여 지배하기 때문이다.

이렇게 지구촌 모든 국가에는 바퀴통권력이라는 개념이 존재하지 않고, 그로 인해 국민이 국가 중심축으로 자리 잡지 못하고 있다. 따라서 중심의 구심력에 의해 소용돌이 원리로 작동하는 국가는 존재하지 않는다.

CHAPTER 6.
수레바퀴 헌법

　수레바퀴 형태로 국가권력 구조를 만든 헌법을 '수레바퀴 헌법' 또는 '국민중심제 헌법'이라고 이름 지었다. 수레바퀴 헌법은 수레바퀴와 같은 형태를 지님으로써 소용돌이 원리로 작동하는 헌법이라는 의미이다. 국민중심제 헌법은 대통령중심제 · 의회중심제 · 정당중심제 헌법과는 달리, 국가 중심축인 국민이 국가권력 구조의 핵에 자리 잡고 있는 헌법이라는 의미이다.

　수레바퀴 헌법의 국가권력 구조의 한 가지 예를 〈그림 18〉로 표현해 보았다. 국민이 국가권력 구조의 한가운데에 자리 잡고, 그 주변을 바퀴통권력이 에워싸고 있으며, 그 주변에 6개의 바큇살권력들이 대칭형으로 배치되고, 가장 바깥에 테두리권력이 감싸고 있는 형태로서, 수레바퀴와 똑같은 형태다. 그러므로 수레바퀴 헌법은 수레바퀴와 똑같은 형태로 만들어져 똑같은 원리로 작동하게 된다.

　수레바퀴 헌법의 핵심은 국민과 바퀴통권력이다. 국민은 국가권력 구조의 핵에 자리 잡고, 바퀴통권력은 국민의 주변을 감싼 형태로 자리 잡은 상태에서 국민의 뜻을 받들고, 국민을 보위하게 된다.

▲ 그림 18, 수레바퀴 헌법의 평면도

편의상 바퀴통권력을 '국가중심체'라고, 바퀴통권력의 구성원을 '국가중심인'이라고 이름을 지었다. 국가중심체는 국가 중심축인 국민을 보위하고 국가권력을 조율하는 권력기관이라는 의미이고, 국가중심인은 국가의 중심에서 국민을 수호하는 권력자라는 의미다. 국가중심인은 국민으로부터 국가 최고권력을 직접 위임받아 국가중심체의 구성원이자 바큇살권력의 수장으로서 모든 국가기관을 통할하게 된다.

국가중심체로부터 사방으로 펼쳐진 6개의 바큇살권력들은 서로 다른 성격(색깔)을 지닌다. 이는 바큇살권력들은 국가중심체로부터 서로 다른 특정 분야의 권력을 위임받아 해당 분야를 총괄한다는 의미이다.

▲ 그림 19, 수레바퀴 헌법의 입체도

바큇살권력들의 외곽을 감싸고 있는 테두리권력은 공무원조직으로서, 국가를 수효하는 동시에 국가중심체와 바큇살권력의 지휘 하에 국가 행위를 실제로 실행하게 된다.

〈그림 18〉의 수레바퀴 헌법의 평면도를 보면 국민이 국가권력 구조의 중심에, 〈그림 19〉의 입체도를 보면 국민이 국가권력 구조의 정점에 자리 잡고 있다. 이렇게 수레바퀴 헌법에서 국민은 국가권력 구조의 중심이자 정점에 자리 잡는다.

국민은 국가권력 구조의 핵에 자리 잡고, 그 주변을 동일한 권력을 보유한 6인의 국가중심인들로 구성된 국가중심체와, 국가중심체로부터 사방으로 펼쳐진 6개의 바큇살권력들과 공무원조직에 의해 지지된다. 이렇게 6인의 국가중심인과 6개의 바큇살권력을 6각형으로 배열함으로써 국가권력 구조를 6각형의 헥사곤(hexagon) 구조로 만든 이유는, 헥사곤 구조는 그 내부에 저절로 소용돌이가 형성되므로 생명체의 생명력을 강화하기 때문이다. 그래서 벌은 본능적으로 육각형 구조의 벌집을 짓고 그곳에서 생활한다. 따라서 국가권력 구조가 육각형의 헥사곤 구조인 수레바퀴 헌법은 국가의 생명력을 강화하므로 그 안에서 살아가는 국민의 생명력도 강해진다.

국가권력 구조의 핵에 자리 잡은 국민은 형식적이자 실질적인 국가의 주인으로서 주권을 행사하게 된다. 국민은 국가중심인과 국회의원선거권, 지방정부구성권, 중요정책과 헌법개정에 대한 국민투표권, 국가중심인에 대한 탄핵결정권 등은 직접 행사하고, 나머지 권력은 국가중심체와 국회에 해당 선거의 유권자 수에 비례하여 위임한다. 따라서 전체 국민이 여섯 번의 직접선거로 선출된 6인의 국가중심인으로 구성된 국가중심체는, 전체 국민의 한 번의 선거로 선출된 300인의 국회의원으로 구성된 국회에 비해 약 6배에 해당하는 권력을 위임받게 된다.

국민은 국가중심인 선거를 통해 매년 한 사람씩 6명의 국가중심인을 차례로 선출하여 국가중심체를 창조(구성)한다. 그러므로 국가 중심축으로서의 국민과 국가중심체는 창조주와 피조물의 관계이므로 국민과 국가중심체의 권력의 크기를 단순히 평면적으로 비교할 수는 없다.

국민은 국가중심체에 국가최고 권력을 위임하고, 국가중심체를 통해 전체 국가권력을 작동시킨다. 그러므로 국가중심인 선거는 국민이 주권을 실질적으로 행사하는 가장 중요한 수단이다. 국가중심인 선거가 있기에 국민은 주권자로서 국가권력 구조의 핵에 자리 잡을 수 있는 것이다. 따라서 국가중심인 선거는 적절한 주기로 공정하고 투명하게 실시되어야 한다. 국민의 주권은, 국가중심인 선거의 주기가 적절하면 실질화하지만, 너무 길면 형해화(形骸化)하고, 너무 짧으면 혼란스러워진다.

6인의 국가중심인들은 국가중심체에서 동등한 권한을 가지고 협의체로 국가중심체를 운영하고, 국정 전반에 대해 공동으로 국가의사를 결정한다. 또한, 6인의 국가중심인들은 국가중심체에 의안을 상정할 권한을 가지는데, 국정의 중요도에 따라 1인이나 2인 또는 3인의 국가중심인이 의안을 상정할 것을 헌법에 규정하게 된다.

국가중심체는 국가의 모든 부분에서 최종적으로 국가 최고의사를 결정할 권한을 가진다. 국가중심체의 의사결정은 바큇살권력들은 물론이고 모든 지방자치단체의 모든 결정에 우선한다. 물론 각각의 의사결정마다 의결정족수는 다르다. 일반적인 행정행위나 처분, 검찰의 공소권행사, 법원의 판결, 국회나 지방의회의 입법행위 등에 우선하는 결정을 하는 경우 서로 다른 의결정족수가 적용되는 것이다.

또한, 국가중심체는 바큇살권력의 수장이나 지방자치단체장이 임명한 공무원이라도 그것이 적합하지 않으면, 그 임기와는 상관 없이 그 공무원을 교체할 수 있는 인사권도 지닌다. 따라서 국가중심체는 그야말로 국가 최고권력으로서 국가의 중심에서 국가의 모든 영역을 통할하게 된다.

국가중심체는 국민으로부터 위임받은 권력을 그 성격에 따라 국무(국방 · 외교 · 안보 · 통일 · 정보) · 경제(경제 · 국토 · 일반 행정 등) · 입법(국회 · 지방자치) · 문화(교육 · 문화 · 체육 · 환경 · 보건 · 복지 등) · 사법(법원 · 헌법재판 · 선거 관리) · 법무(검찰 · 경찰 · 감찰 등) · 의 6개로 나누어, 6개의 바큇살권력들에 해당 권력을 재위임한다.

6인의 국가중심인들은 6년 동안 법무총리 · 대법원장 · 문화총리 · 국회의장 · 경제총리 · 통령의 순으로 1년씩 돌아가며 차례대로 바큇살권력들의 수장직무를 수행한다. 따라서 국가중심체와 바큇살권력들은 6인의 국가중심인을 매개로 단단하게 하나로 결합된다.

이렇게 수레바퀴 헌법의 국가권력구조는 대칭의 소용돌이 형태이고, 그 중심에 국가 중심축인 국민이 자리 잡고 있으며, 국민을 감싸고 있는 국가중심체의 구성원들은 1년에 한 단계씩 그 자리를 이동하여 국가 소용돌이를 작동시킨다. 그러므로 수레바퀴 형태의 국가권력 구조는 서서히 앞으로 굴러가므로 국가는 저절로 소용돌이 원리로 작동하게 된다.

수레바퀴 헌법은 국가중심인의 수를 3인 이상의 다수로 하고, 국가중심체의 의사결정을 일정한 숫자 이상의 국가중심인의 동의가 있어야 하는 것으로 규정한다. 따라서 국가중심인의 수는 3, 5, 7, 9와 같은 홀수가 될 수도 있고, 4, 6, 8, 10과 같이 짝수가 될 수도 있다. 따라서 6인의 국가중심인들이 6개의 바큇살권력의 수장을 1년씩 책임지며, 협의체 형식으로 국가중심체를 운영할 수도 있고, 7인의 국가중심인들이 7개의 바큇살권력의 수장을 1년씩 책임지며 협의체 형식으로 국가중심체를 운영할 수도 있을 것이다.

국가권력 구조의 핵은 국가의 핵이고, 그 핵을 감싸고 있는 국가중심체는 국가의 핵막에 해당한다. 그러므로 국가의 핵에 자리 잡은 국민과 그 핵막의 역할을 담당하는 국가중심체로부터는 강력한 구심력이 발현하고, 바큇살권력들과 공무원조직으로부터는 원심력이 발현하게 된다.

국가 중심축으로서의 국민은 국가의 주인이자 모든 국가권력의 원천이므로 가장 크고 고차원적인 권력자이고, 국가중심체의 구성원인 6인의 국가중심인들은 각각 국민 전체로부터 국가최고 권력을 부여받은 최고 권력자들이다. 따라서 국민과 국가중심체로부터 발현하는 구심력은 바큇살권력과 공무원조직으로부터 발현하는 원심력과는 비교할 수 없을 정도로 강하다.

국가중심체는 국민으로부터 위임받은 권력 중, 바큇살권력들에 대한 통할권과 고위직에 대한 인사권 등 국정과 관련하여 특히 중요한 사항은 6인의 국가중심인이 협의하여 국가중심체에서 직접 행사하고, 나머지 권력은 그 성격에 따라 6개로 나누어 국무·경제 · 입법 · 문화 · 사법 · 법무에 재위임한다. 이런 방식으로 국민으로부터 방사된 권력은 국가중심체와 바큇살권력들 통해 테두리권력에 이르기까지 모든 국가기관으로 순차적으로 퍼져나가므로 국민은 국가중심체를 비롯한 모든 국가기관을 빠짐없이 통할하게 된다.

따라서 모든 공무원은 국가의 주인은 국민이고, 국가 최고 존엄은 국민이며, 자신의 임명권자도 국민이고, 자신이 담당하는 업무의 목적 또한 국민이며, 자신은 국민의 뜻에 따라 움직여야 한다는 사실을 뼛속 깊이 새기게 된다. 그러므로 공무원이 국민 위에서 군림하거나 국민을 농락하는 행태는 완전히 사라지므로, 링컨(Abraham Lincoln) 대통령의 "국민의, 국민에 의한, 국민을 위한 정부(Of the people, by the people, for the people.)"는 현실에서 완벽하게 구현된다.

▲ 그림 20. 국가권력과 지방권력의 관계

▲ 그림 21. 지방권력 구조의 평면도

수레바퀴 헌법에서 국가와 지방정부는 유기적 일체로 작동한다. 국가권력과 지방권력의 관계는 〈그림 20〉처럼 큰 수레바퀴와 작은 수레바퀴들이 하나가 되어 앞으로 굴러가듯이, 국가권력과 지방권력은 보조를 맞추어 하나로 작동하게 된다.

따라서 지방권력 구조에도 〈그림 21〉처럼 지방중심체가 설치된다. 지방중심체는 3인의 지방중심인들로 구성되고, 합의제로 해당 지방자치단체의 최고의사를 결정한다. 3인의 지방중심인들은 1년 또는 2년씩 돌아가면서 행정, 교육, 의회의 수장 임무를 수행한 후 퇴임하게 된다. 헌법은 지방권력에 정당인이 간여할 수 없도록 규정함으로써 정당으로 인해 지방권력이 분열되는 것을 원천적으로 차단한다.

CHAPTER 7

정당은 바이러스다

　입법 · 행정 · 사법이라는 3개의 바큇살권력으로 삼권 분립이 시작된 근대국가의 국가권력 구조에는 바퀴통권력이 존재하지 않았다. 하지만 하나의 국가권력이 3개의 바큇살권력으로 분리됨에도 불구하고 그것들을 중심에서 잡아주는 권력이 존재하지 않으면, 원심력에 의해 바큇살권력들은 서로 분리되며 흩어지므로 국가는 존속하기 어렵다.

　이에 근대국가의 헌법들은 대통령중심제 또는 의회중심제를 채택하여, 대통령 또는 의회에 더 큰 권력을 위임함으로써 권력의 중심축으로 삼았다. 하지만 대통령 또는 의회는 바큇살권력 중의 하나에 불과하므로 그중 하나를 크고 강대하게 만들고 그곳에 다른 바큇살권력을 묶어도 구심력이 발생할 수는 없다.

　그래서 일부 국민이 정권획득을 목적으로 만든 정당의 구성원들이, 의회와 정부의 권력자가 되어 정당을 매개로 의회와 정부의 가교역할을 하게 되었고, 이를 헌법적으로 용인함으로써 정당제가 등장하게 되었다. 그 후 정당제의 취약성으로 인해 공산당과 사회주의 나치당 등의 일당독재, 일인독재 국가가 나타나게 되었다. 그리하여 현재 지구촌에는 다수당을 허용하는 정당민주주의 국가들과 공산당으로 대표되는 공산독재전체주의 국가들이 병존하고 있다.

정당민주주의이든 일당독재이든 현재 지구촌의 모든 국가는 바퀴통권력 대신 정당을 국가권력의 핵으로 사용하고 있다. 그러나 정당이 국가권력의 핵으로 자리 잡으면 필연적으로 재앙이 뒤따를 수밖에 없는데, 이는 정당의 본질을 꿰뚫어 보면 명확하게 알 수 있다.

정당은 욕망이다. 정당은 욕망이라는 점에서 조직 폭력배(조폭)와 매우 유사하다. 정당과 조폭은 욕망으로 만들어져 다른 사람을 지배하려 하고, 음모, 배신, 거짓말, 무책임 등등 그 속성도 비슷하다. 가장 이기적이고 지배욕이 강한 사람이 조폭의 두목이 되어 힘과 돈으로 자신의 욕망에 따라 조직을 움직이듯이, 가장 이기적이고 지배욕과 권력욕이 강한 사람이 정당의 당수가 되어 돈과 권력으로 자신의 욕망을 충족시키기 위해 정당을 움직인다.

조폭 두목의 가장 큰 욕망은 그 자리를 지키는 것이고, 두 번째 욕망은 더 많은 돈과 권력으로 자신의 이기심을 충족하는 것이다. 그래서 그는 자신의 자리를 위협하는 2인자를 제거하고, 외부 조폭 세력과 끊임없이 싸우며, 갖가지 명목으로 금전을 갈취한다. 마찬가지로 국가권력을 장악한 정당 당수의 욕망도 자기 자리를 지키고 돈을 버는 것이다. 그는 정당을 이용하여 국민을 속이고 정적을 제거하여 권력을 지키고, 부정부패로 돈을 번다.

그러므로 모든 정당은 개인적인 욕망의 충족을 위한 도구에 불과하다.

정당은 분열이다. 정당제를 취하여 2개 이상의 당이 존재하면, 〈그림 22〉처럼 국민은 분열된다. 그러므로 정당은 결코 국민을 하나로 통합시킬 수 없다.

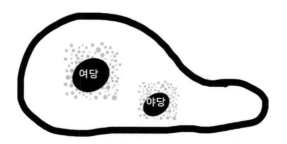

▲ 그림 22. 정당들에 의해 분열된 국민

국민은 본래 하나로 존재한다. 국민은 보수도 아니고 진보도 아니며, 좌(左)도 아니고 우(右)도 아니다. 또한, 국민은 보수이면서도 진보이고, 좌인 동시에 우다. 그러나 권력을 추구하는 정당은 국민을 통합된 상태로 놓아둘 수 없다. 왜냐하면, 국민이 분열해야만 정당이 권력을 장악할 수 있기 때문이다. 그러므로 특정 이념을 추구하고, 특정 색깔을 선호하며, 특정 계층과 특정 지역에 지지기반을 둔 정당은 국민이 보수, 진보, 좌, 우 등등 가운데 하나를 선택하도록 속이고 강요하며, 결국 국민은 정당에 의해 갈가리 분열된다.

 정당에 의해 먼저 정치인들이 분열되고, 이어서 기자들도, 판사들도, 검사들도, 공무원들도, 선생님들도, 학생들도, 근로자들도, 농부들도, 주부들도 분열된다. 분열된 국민은 자신이 지지하는 정당의 관점에서 말하고 행동하고, 그와 대치되는 것은 절대 용납하지 않는다.

 분열된 국민은 정당의 관점에서 국회에서 표결하고, 기사를 작성하고, 수사하고, 재판하고, 업무를 처리하고, 논쟁하고, 학생들을 가르치고, 투표한다. 이제 똑같은 일이 벌어져도 자신이 지지하는 정당이나 그 구성원이 하면 무조건 옳고, 반대하는 정당이나 그 구성원이 하면 무조건 잘못되었다고 한다. 그에 따라 국민은 더욱더 분열되고, 분열된 국민은 정당을 중심으로 떡처럼 뭉쳐지며 경직되며, 국가는 중심을 잃고 찌그러진다.

 그러므로 모든 정당은 국민 분열의 원흉이다.

 정당은 외부에서 국가라는 생명체의 내부로 침투한 바이러스다. 코로나19바이러스는 세포의 내부로 침입하는 이질적인 요소이고,

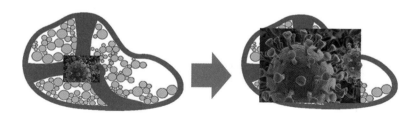

▲ 그림 23. 세포를 암세포로 변이시키는 바이러스

정당은 국가조직의 내부로 침입하는 이질적인 요소이다.

세포 차원의 바이러스는 〈그림 23〉처럼 세포가 찌그러져 중심을 잃고 면역시스템이 작동하지 않을 때, 세포 안으로 침투하여 세포의 에너지원인 미토콘드리아를 장악한 후 세포의 주인 행세를 한다. 그 후 세포를 찌그러지게 하여 세포의 기능을 떨어뜨리고, 세포의 에너지를 빨아 먹으며, 세포의 DNA를 교체함으로써 정상 세포를 암세포로 변이시킨다.

국가 차원의 바이러스인 정당은 〈그림 24〉처럼 국가가 중심을 잃고 찌그러져 국가시스템이 정상적으로 작동하지 않을 때, 국가 권력 구조 내부로 침입하여 국가의 핵심 권력 기관들을 장악한 후 국가의 주인 행세를 한다. 그 후 정당은 국가를 분열시켜 국가의 기능을 떨어뜨리고, 국가의 에너지(돈)를 빨아먹으며, 정당의 이념으로 국가의 정체성을 교체함으로써 정상 국가를 암적인 공산국가로 변이시킨다.

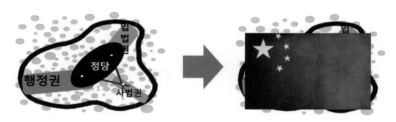

▲ 그림 24. 정상 국가를 공산국가로 변이시키는 정당

또한, 암세포가 주변의 세포들을 암세포로 변이시키듯이, 공산국가는 공산당 바이러스를 주변으로 전파하여 정상 국가를 암적인

공산국가로 변이시킨다. 이는 그들의 헌법인 공산당 강령에 지구촌의 모든 국가를 공산국가로 만드는 것이 최종 목적이고, 거짓된 선동·선전으로 국민을 분열시키고 그중 한 세력과 연합하여 정권을 장악한 후 그 세력마저도 숙청해버리는 통일전선 전술이 최고의 국가전력이라고 기재된 것을 보아도 알 수 있다.

그러므로 대한민국처럼 민주국가 내부에 공산당과 사상적인 궤를 같이하는 좌익정당이 존재하는 동시에 주변에 강력한 공산국가가 존재하면, 그 국가는 공산화되기 쉽다. 왜냐하면, 민주국가는 구심력이 약해 찌그러진 권력 구조이므로, 주변 공산국가와 좌익정당이 합작하여 뇌물과 협박으로 중요 요인을 포섭하는 동시에 언론을 장악하여 거짓된 통일전선 전술로 국민을 분열시키면 쉽게 무너지며 공산화되기 때문이다.

그러므로 모든 정당은 공산화라는 암적인 질병을 일으키는 바이러스다.

이렇게 정당은 욕망이자, 분열이고, 바이러스다. 그러므로 정당제를 채택하면, 국가는 개인적인 욕망에 따라 작동하고, 국민은 분열하며, 국가는 정당 바이러스에 감염되어 결국 암적인 공산국가로 변모하게 된다. 그에 따라 국민은 정당의 노예로 전락하고, 국가는 엉망진창으로 돌아가며, 국민의 삶은 피폐해진다.

정당제는 헌법적으로 정당에 국가를 지배할 권한을 부여하는 제도다. 그러나 정당에 권력의 핵심을 내주고 국가가 잘 돌아가기를 기대하는 것은 어리석다. 이미 정당제로 일당독재 국가를 실현한 사회주의 나치당과 공산당에 의해 수억 명에 달하는 사람들이 희생되었고, 지금도 엄청난 희생이 계속되고 있다. 정당은 조폭과 유사하지만, 조폭과는 비교할 수 없을 정도로 인류에게 크나큰 해악을 끼치고 있다.

하지만 인류는 아직도 정당의 굴레에서 벗어나지 못하고 있다. 그것은 중심을 잃고 찌그러진 국가를 그나마 작동하게 하려면 정당이 필요하기 때문이다. 그렇다면 정당으로부터 특히 공산당으로부터 벗어나려면 어떻게 해야 할까?

그냥 수레바퀴 헌법으로 국가의 구심력을 강하게 하여, 국가가 소용돌이 원리로 작동하게 하면 된다. 국민과 국가중심체를 중심으로 완전한 권력분립과 일체화가 이루어진 수레바퀴 헌법에서, 정당제는 불필요하므로 폐기된다. 따라서 수레바퀴 헌법을 채택하면, 국가가 개인의 욕망에 끌려다니거나, 국민이 분열되거나, 국가가 정당 바이러스에 감염될 위험성은 더 이상 존재하지 않게 된다.

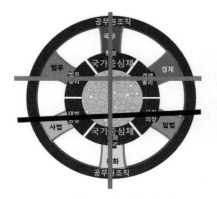

▲ 그림 25. 다당제인 경우   ▲ 그림 26. 일당독재인 경우

수레바퀴 헌법과 정당제는 양립할 수 없다. 만일 수레바퀴 헌법이 정당제를 허용하여 정당원이 국가중심인이 된다면, 다당제인 경우 〈그림 25〉처럼 국민과 국가중심체는 서로 다른 색깔의 정당들에 의해 분열되므로 국가는 쪼개지고, 일당독재인 경우 〈그림 26〉처럼 일당이 국가의 핵을 차지하므로 국민은 국가의 핵에서 쫓겨나고 국가는 경직될 수밖에 없다. 따라서 어느 경우이든 정당은 분열된 국민 위에 군림하고, 국민은 권력자의 노예로 전락하며, 국가는 소용돌이 원리로 작동할 수 없게 된다.

정당제가 폐기된 수레바퀴 헌법에서, 정당인은 국가중심인으로 선출될 수 없고, 국회의원 선거 이외의 어떤 선거에도 출마할 수 없으며, 국회의원을 제외한 어떤 국가권력의 구성원이나 공기업의 구성원이 될 수 없다고 헌법에 명시하게 된다. 만일 정당원이 국회의원 이외의 다른 공직을 맡으려면, 적어도 1년 이전에 탈당하여 실질적으로 정당 활동에 간여하지 않아야 하고, 공직자가 정당과의 연관성이 확인되는 경우 즉시 공직에서 파면됨을 규정한다.
그렇다고 정당 자체를 금지하지는 않는다. 정당의 구성원이 국회의원 이외의 공직으로 진출하는 것이 제한되고, 정당에 과도한 금전과 특혜를 주는 것이 폐지될 뿐이다. 따라서 개인들이 자금을 갹출하여 정당을 설립·운영하고, 정당의 구성원이 국회의원으로 당선되어 국가를 위해 활동하는 것에는 아무런 제한이 없다.

정당제를 폐기하면, 정당이 국가권력의 핵심에 간여할 수 없으므로, 국회가 여당과 야당으로 분열되지 않는다. 따라서 정당들이 정권을 쟁취하기 위해 치열한 다툼을 벌일 이유가 사라지므로, 국회에서는 국회의원들 사이에 실용적인 정책대결의 장이 펼쳐진다. 자연히 정당은 국민의 다양한 의견을 수렴하여 국민에게 도움이 되는 법률을 제정하고, 훌륭한 정치인을 발굴하는 역할을 담당하므로 정당을 중심으로 한 국민의 분열도 사라진다.

정당으로 인해 국민이 분열되지 않으므로, 국회의원 선거는 조용하면서도 실용적으로 치러지고, 정당에 막대한 국고를 지원하지 않아도 되므로 국고가 보전되며, 정당에 주어지는 특혜인 비례대표제도 폐지되므로 투표의 공정성도 확보되고, 정치지망생들이 정당의 공천과는 상관없이 자유롭게 정치에 입문하게 되므로 정당이 국민의 공무담임권을 침해할 수 없게 된다. 또한, 정당이 공천권을 배경으로 국회의원에게 당론(黨論)이나 당심(黨心)을 강요할 수 없어져 국회의원의 자율권이 보장되므로, 정당 소속의 국회의원이라도 정당이 아닌 국가와 국민만을 바라보며 활동하게 된다. 또한, 정당이 지방정부에 간여할 수 없으므로, 지방정부가 정당으로 분열되지 않고, 지방선거도 조용하면서도 실용적으로 치러지게 된다.

이렇게 수레바퀴 헌법을 채택하면, 정당으로 인한 수많은 폐해는 한꺼번에 사라지고, 공산당을 비롯한 모든 정당과 딥-스테이트(Deep-State) 등 모든 반국가적이고 반민주적인 국가 차원의 바이러스는 영원히 제거된다.

CHAPTER 8.
수레바퀴 헌법을 채택하면

  수레바퀴 헌법에서 전체 국민은 하나로 단단하게 응집된 국가 중심축이 되어 국가권력의 핵으로 존재하게 된다. 그것은 수레바퀴 헌법의 국가권력 구조의 핵이 권력의 진공상태이므로 가능한 일이다. 국가권력 구조의 핵이 권력의 진공상태이므로, 흩어져 있던 국민은 저절로 국가권력 구조의 핵으로 빨려 들어가 하나로 단단하게 통합되어 국가의 주인으로 존재하게 된다.

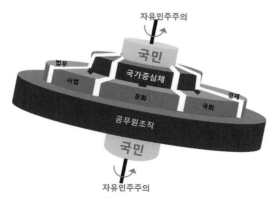

▲ 그림 27. 자유민주주의가 핵심가치인 국가권력 구조

국가의 주인으로 존재하는 국민은 민주(民主)와 자유(自由)라는 핵심가치를 공유하게 된다. 왜냐하면, 민주(民主)는 국민이 국가의 주인이라는 의미이고, 주인인 국민은 자유(自由)로운 존재이기 때문이다. 그러므로 민주와 자유의 합성어인 자유민주주의(自由民主主義)는 수레바퀴 헌법에서 모든 가치 판단의 기준인 핵심가치이고, 국가는 〈그림 27〉처럼 핵심가치를 축으로 존재하는 자유민주공화국이다. 그러므로 자유민주공화국은 영혼이 자유로운 국민들이 국가의 주인으로서 국가를 이끌어가는 정치시스템이다.

국가를 파괴하려는 세력은 핵심가치인 자유민주주의가 무너지면 국민은 분열되고 자유민주공화국은 붕괴한다는 원리를 잘 안다. 그래서 그들은 자유민주주의를 인민민주주의와 비슷한 개념이라며 자유민주주의를 희석시키거나, 동성애·양성평등·낙태자유·성전환자유·인종차별·과거사사죄 등의 이슈로 국민을 분열시켜 핵심가치를 축으로 국민이 통합되는 것을 방해한다. 그러나 수레바퀴 헌법은 자유라는 이름으로 자유민주주의를 파괴하는 세력을 용납하지 않는다.

국가의 주인으로서 자유롭게 존재하는 국민은 주인의 권리를 주기적인 국가중심인 선거·국회의원 선거·지방선거와 비주기적인 국민투표를 통해 실질적으로 행사하게 된다. 선거는 국민이 국가의 주인으로 존재하게 하는 가장 핵심적인 수단이다. 그러므로 공정하고 효율적인 선거제도가 없으면 자유와 민주는 사라지고, 인권·평등 따위는 모두 말로만 존재할 뿐, 실제로는 일당독재와 일인독재에 의한 전체주의만 존재하게 된다.

수레바퀴 헌법은 자유민주주의라는 핵심가치를 수호하기 위해 '피드백(feedback) 선거제도'를 채택한다. 피드백(feedback) 선거제도는, 국민의 모든 투표는 투표소에 비치되거나 개인이 소지한 휴대전화의 투표 앱(application)에서 엄격한 신원 확인 절차를 거쳐 행해지고, 해당 선거의 선거인명부는 미리 공개하여 국민의 엄격한 검증을 받으며, 선거는 AI 컴퓨터에 의해 관리됨을 규정한다.

또한, 모든 국민은 자신이 행사한 표가 개표과정에 제대로 계수되는지를 확인할 권리가 있고, 이를 보장하기 위해 AI 컴퓨터는 국민 개개인의 투표(In put)가 행해지는 즉시, 해당 투표자에게 '해당 선거에서의 고유번호'와 '기표내용'이 기재된 '인증서'를 교부(Out put)하며, 투표종료와 동시에 모든 인증서와 기권자의 실명을 국민에게 공개하도록 규정한다. 투표자에게 해당 선거에서의 고유번호를 부과하는 것은 비밀투표를 보장하기 위함이다.

투표자는 자신이 기권자로 표시되거나, 자신의 투표와 AI로부터 받은 인증서가 불일치하거나, 자신이 보관한 인증서와 투표종료 후 공개된 인증서가 불일치하면, 즉시 이의를 제기할 권리와 의무가 있음을 규정한다. 또한, 기권자도 자신의 이름이 기권자 명부에서 빠진 경우 즉시 이의를 제기할 권한이 있음을 규정한다.

이렇게 피드백 선거를 실시하면, 사전투표·부재자투표·우편투표 등이 불필요하므로 사라지고, 선거는 단순해지며, 투·개표과정에서의 꼼수는 원천적으로 차단되고, 재검표도 쉬워진다. 또한, 비밀·신속·투명·경제적인 선거를 통해 있는 그대로의 국민의 뜻이 가장 효율적으로 드러나므로 국가의 구심력은 최대치로 높아진다.

수레바퀴 헌법은 '해당 선거에서의 고유번호'를 통해 투표자의 실명을 확인할 수 없도록 법과 컴퓨터프로그램으로 금지함으로써 절대적인 비밀투표를 보장한다. 그런데도 정당, 선관위, 외세, 위정자 등이 부정선거를 획책하거나, AI 컴퓨터 시스템에 대한 해킹과 같은 방법으로 부정 투·개표를 시도하거나, 인증서의 투표자 실명을 확인하여 비밀투표의 원칙을 침해하는 경우 그 주모자는 주권자인 국민과 국가를 배신한 반역자로서 가장 중한 극형으로 처벌하여 영원히 사회에서 격리하고, 동조자들도 그에 준하여 엄하게 처벌함으로써 국민의 주권이 침탈되는 사태를 미리 차단한다.

수레바퀴 헌법은 편집권 등 언론의 자유를 절대적으로 보장하지만, 그에 비례하여 언론의 의무를 위배하여 국민의 알 권리를 침해할 경우 엄중하게 그 책임을 묻는다. 특히, 주류 언론과 방송사는 국가적으로 중대한 사안을 있는 그대로 보도할 의무를 지게 된다. 따라서 주류 언론과 방송사가 국민과 국가에 중대한 사안을 아예 보도하지 않거나, 왜곡하여 보도하는 경우 엄중한 민·형사책임을 지게 된다. 또한, 여론조사기관은 여론조사대상의 선정과정과 여론조사의 전 과정을 하나도 빠짐없이 공개하고 그 과정에서 거짓이 있는 경우 즉시 영업 취소와 함께 엄중한 형사책임을 지게 된다. 마찬가지로 인터넷 댓글을 통해 국민의 의사를 왜곡하거나 조작하는 행위도 AI 컴퓨터로 추적하여 엄하게 처벌하고, 그 행위자가 외국인인 경우 더욱 엄하게 처벌함으로써 국민의 의사가 왜곡되는 것을 차단한다.

이같이 수레바퀴 헌법에서는 효율적인 선거제도와 공정한 언론과 여론조사를 통해 국민은 실질적인 국가의 주인으로 존재하게 된다.

국민이 실질적인 국가가 주인으로 존재하는 수레바퀴 헌법에서는 정치를 불신하거나 외면하는 국민은 사라지고, 모든 국민은 적극적으로 주권을 행사하는 행동하는 국민으로 변모하게 된다. 따라서 국가의 구심력은 최대치로 강해진다.

구심력이 강한 만큼 원심력도 강해지므로 국가권력은 사방팔방으로 최대한 넓게 펼쳐지고, 국가권력이 펼쳐진 대한민국의 넓이는 단순히 하나의 권력을 일곱으로 나누고, 그 나누어진 권력들이 펼쳐진 넓이보다 훨씬 더 크다. 그것은 바큇살권력 하나하나가 국민과 국가중심체에 그 힘의 근원을 두므로, 국민과 국가중심체의 구심력의 크기에 비례하여 바큇살권력들의 원심력도 커지기 때문이다.

최대한 넓게 펼쳐진 국가는 그 자체로 크고 당당하다. 따라서 다른 나라가 그 국가를 조롱하거나 우습게 여길 수 없게 되고, 터무니없는 이유로 그 국가의 주권을 제한하거나, 그 국가와 국민을 모욕하거나, 영토를 넘보거나, 공산화하려는 꿈도 꿀 수 없게 된다.

이제 모든 국민은 단 한 사람의 예외도 없이 넓게 펼쳐진 국가의 그늘에서 안정된 삶을 누리게 된다. 국내에 있든 국외에 있든, 남녀노소, 지역을 불문하고 모든 국민은 국가의 혜택을 골고루 누리는 것이다.

국가의 주인으로 존재하는 국민은 무한한 창의성을 발휘하게 된다. 창의성은 자유로운 영혼으로부터 발현하는 영혼의 선물이다. 따라서 자유가 통제된 전체주의 국가에서는 창의성도 사라진다. 이는 통제사회인 중국, 북한, 베트남 등의 공산국가에서 창의적이고 혁신적인 그 어떤 것도 나타나지 않는 것을 보아도 알 수 있다. 국민의 창의성이 사라진 공산국가는 다른 나라의 창의성을 베끼거나 훔치기에 바쁘다.

그러나 수레바퀴 헌법에서 국민은 국가의 주인이므로 몸과 마음과 영혼은 무한히 자유롭다. 따라서 모든 국민은 창의적으로 변모하게 되고, 창의적인 국민에 의해 모든 분야에서 창의적인 발상이 드러나고, 창의적인 발상은 수많은 혁신적인 기업들로 이어지게 된다.

이제 혁신적인 기업은 국민에게 필요한 자금 지원을 요청하고, 국민은 국가의 주선과 보증으로 금융시스템과 연계하여 국민의 이름으로 기업에 자금을 지원한다. 그에 대해 기업은 국민에게 일정 수량의 코인(Coin)을 균등하게 분배하고, 코인 보유 개수에 비례하여 기업매출총액에서 일정 비율의 금전을 매달 혁신소득으로 지급한다.

기업이 국민에게 혁신소득을 지급하는 것은 국가가 몸이라면, 국민은 세포이고, 기업은 심장이며, 돈은 혈액이기 때문이다. 몸을 구성하는 모든 세포는 심장으로부터 적정한 혈액을 공급받을 권리와 심장에 필요한 혈액을 돌려줄 의무가 있다. 마찬가지로 모든 국민은 기업으로부터 적정한 혁신소득을 받을 권리와 기업이 필요로 하는 혁신자금을 제공할 의무가 있다. 그러므로 혁신소득은 국민이 마땅히 감내해야 할 의무에 대한 대가이자, 하늘로부터 부여받은 천부인권(天賦人權)이다.

혁신소득은 공산주의나 사회주의 방식의 기본소득과는 완전히 다른 개념이다. 기본소득은 국가가 기업과 국민으로부터 강제로 징수한 세금을 재원으로, 국가가 국민에게 지급한다. 따라서 기본소득을 더 많이 지급하려면 더 많은 세금을 거두어야 하고, 세금을 더 많이 거두려면 세율을 높이고, 새로운 세목을 신설해야 한다. 그러나 세목이 신설되고 세율이 높아질수록 일하는 사람과 일하지 않는 사람의 소득이 같아지므로 국민들의 근로 의욕은 떨어지고 사회는 경직된다. 더욱이 경직된 공산주의 사회는 국민의 몸과 마음을 속박하므로 영혼이 자유롭지 못하다. 따라서 국민의 창의성은 사라지고, 기업과 부자들은 세금이 낮은 외국으로 떠나게 된다. 결국, 시간이 갈수록 세원은 감소하므로 부자와 가난한 자와 국가는 모두 함께 빈곤의 나락으로 떨어지게 된다.

그에 반해 혁신소득은 기업과 국민의 의사에 따라 기업의 이윤을 재원으로 기업이 직접 국민에게 지급한다. 따라서 혁신소득을 더 많이 지급하려면 기업의 이윤이 커져야 한다. 기업의 이윤이 커지려면 혁신적인 기업들이 더 많이 출현해야 하고, 그런 기업들이 많이 출현하려면 국민이 창의적이어야 한다. 자유민주주의를 핵심가치로 삼는 수레바퀴 헌법에서 이미 모든 국민은 창의적이다. 따라서 창의적인 발상은 끝없이 이어지므로 시간이 지날수록 더 많은 세원이 창출된다. 그에 따라 세율을 낮추고 불필요한 세목을 폐지해 낮은 세율의 거래세만 유지해도 국가는 부강해지고, 기업과 부자와 가난한 자는 모두 함께 부유해진다.

혁신소득은 공산당 바이러스를 극복하게 한다. 세포는 혈액을 통해 기본적인 양의 산소와 영양성분을 공급받지 못하면 면역력이 떨어지면서 쉽게 바이러스에 감염된다. 마찬가지로 국민은 경제적으로 기본적인 생활이 불가능할 때 면역력이 떨어지면서 쉽게 공산당 바이러스에 감염된다. 따라서 정당 특히 공산당 바이러스를 극복하려면 혁신소득이 반드시 필요하다.

혁신소득으로 모든 국민은 채무(債務)라는 고통의 굴레에서 벗어나 인간 존엄을 유지하게 되고, 불확실한 미래에 도전할 최소한의 경제적 기반을 마련하게 된다. 또한, 혁신소득이 지급되면, 맑고 깨끗한 피를 공급받은 세포가 건강하고 행복해지듯이, 모든 국민은 건강하고 행복해진다. 건강하고 행복한 세포가 적절한 시기에 분열하여 2세를 남기듯, 건강하고 행복한 국민 또한 적절한 시기에 배우자를 만나 2세를 남기게 되므로 인구는 적절한 비율로 증가하게 된다. 따라서 인구감소라는 국가적인 문제도 저절로 해결된다.

혁신소득에 따라 국가시스템은 단순해지고, 국가재정은 건전해진다. 최저임금제, 국민연금, 의료보험, 고용보험, 강성노동조합 등 경제적 약자를 보호하거나 국민의 기본적 생활을 보장하기 위한 제도는 합리적으로 통합·정비되고, 과다한 숫자의 공무원도 적정한 규모로 감축되며, 복잡한 세법 체계도 단순해진다.

혁신소득이 지급되면, 더는 탐욕을 부릴 필요가 없으므로 한 사람이 과도하게 재산을 늘리는 풍토도 점차 줄게 되고, 많은 재산을 보유한 사람들은 일정 부분의 재산을 사회에 환원하고, 국민들은 그런 사람을 존경하게 된다. 따라서 서로 의심하고 다투는 사회가 서로 신뢰하고 북돋워 주는 사회로 바뀌게 된다.

수레바퀴 헌법에서 권력분립은 완벽하게 이루어진다. 왜냐하면, 바큇살권력들의 성격과 관계없이 바큇살권력들의 힘의 크기는 완전히 똑같고, 시간이 흘러도 힘의 균형이 유지되기 때문이다. 따라서 그동안 불완전한 권력분립으로부터 비롯되던 수많은 문제는 한꺼번에 사라지게 된다.

먼저 '사법권독립'이라는 용어가 사라진다. 사법권독립이란 용어 자체가 사법권이 독립하지 못했음을 반증한다. 하지만 수레바퀴 헌법에서는 사법권을 비롯한 모든 바큇살권력은 성격만 다를 뿐 그 크기가 완전히 똑같으므로 사법권의 독립을 침해할 권력은 처음부터 존재하지 않는다. 따라서 판사가 정권의 눈치를 보면서 자신의 양심과 국민을 배신하는 판결을 할 이유가 없다. 또한, 법원의 판결은 지금보다 훨씬 더 권위가 높아지지만, 지금처럼 전지전능(全知全能)하지도 않게 된다. 왜냐하면, 법원의 판결에 문제가 있는 경우, 일정 숫자 이상의 국가중심인들은 문제가 되는 판결을 국가중심체의 안건으로 상정할 수 있고, 일정한 요건을 충족하면 국가중심체는 법원의 판결과는 다른 결정을 할 수 있기 때문이다. 그러므로 국민을 배신한 대법관의 잘못된 판결이나 부당한 재판 진행에 얽매여 국가와 국민이 피해를 보거나, 권위가 실추되는 일은 있을 수 없게 된다.

마찬가지로 검찰권독립이라는 용어도 사라지게 된다. 현행 대한민국 헌법은 검찰권을 행정권의 하나로 대통령의 예하조직으로 두고 있다. 따라서 대통령은 막강한 검찰권을 자신의 구미에 맞게 쓰려 하므로 검찰권독립이라는 용어가 나오게 되었다. 그러나 수레바퀴 헌법에서는 검찰권을 바큇살권력 중의 하나로 격상시켜 그 수장을 국가중심인이 맡게 된다. 따라서 검찰권의 독립을 침해하는 권력은 처음부터 존재할 수 없으므로, 특정인이 검찰 권력을 장악하는 것은 불가능하게 된다. 그렇다고 검찰권이 무소불위의 권력이 됨으로써 이를 견제하기 위해 헌법에 근거도 없는 공수처를 설치하거나 검찰의 수사권을 제거할 필요도 없다. 왜냐하면, 검찰권은 국가중심체에 의해 완벽하게 통제되기 때문이다. 이제 일정 숫자 이상의 국가중심인은 검찰의 공소제기나 수사가 문제가 되는 경우, 이를 국가중심체의 안건으로 상정할 수 있고, 국가중심체는 검찰총장이나 담당 검사를 교체하거나 검찰과는 다른 결정을 할 수 있다. 따라서 편향적이거나 어리석은 검사가 수사권과 공소권을 남용하여 국민에게 피해를 주는 일은 있을 수 없게 된다.

수레바퀴 헌법에서는 대통령과 여당이 장악한 국회가 하나의 몸처럼 움직여 위헌적인 법률을 제정하여 입법독재를 하거나, 대통령과 야당이 장악한 국회가 대립하여 국정이 마비되는 일은 있을 수 없다. 왜냐하면, 정당의 구성원은 국가중심인이 될 수 없으므로 여야가 존재하지 않기 때문이다.

사법부, 검찰, 국회뿐만 아니라 문화, 경제, 국무 등 모든 바큇살권력은 독자적이고 독립적으로 존재하는 동시에 나머지 바큇살권력들은 물론 국가중심체와 공무원조직 등과 유기적으로 작동한다. 따라서 바큇살권력이 다른 바큇살권력을 지배하거나 서로 조화를 이루지 못함에 따라 국정에 차질이 생기는 일은 발생할 수 없다.

수레바퀴 헌법에는 부정부패라는 용어가 존재하지 않는다. 왜냐하면, 대통령의 권한을 국무·경제·문화·법무라는 4개의 권력으로 분립하고, 입법·사법과 함께 그 수장을 6인의 국가중심인이 돌아가며 맡으므로 누구도 지금의 대통령과 같이 막강한 권한을 독점적으로 행사할 수 없고, 6인의 국가중심인들은 12개의 눈으로 국가중심체를 비롯한 전체 국가권력을 주의 깊게 바라보므로, 더는 국가중심체의 통제에서 벗어난 권력의 사각지대는 존재할 수 없기 때문이다.

또한, 국가권력의 정점에서 수많은 국민이 순수한 국민의 눈으로 국가 전체를 언제나 관조(觀照)하므로, 국가중심인으로부터 지방의 말단 공무원에 이르기까지 사사로운 이익을 위해 권력을 동원하여 부정부패를 저지르는 것은 불가능하게 된다.

수레바퀴 헌법에서 1인의 지도자가 국가를 이끌게 됨으로써 발생하는 위험성과 불합리성, 분열과 불신은 있을 수 없다.

1인의 지도자가 국가를 이끄는 경우, 그 1인이 어리석거나, 특정 이념에 빠져 국가를 엉뚱한 방향으로 이끌거나, 신체적으로 유약하거나, 사고를 당하여 임기 중에 국정이 중단되면 국가는 엄청난 위기에 직면하게 된다. 또한, 합법적인 선거를 통해 그 1인의 지도자가 다른 사람으로 교체되어도 그때마다 국가는 홍역을 치르게 된다. 선거 때마다 국민은 지지하는 후보에 따라 극렬하게 분열하여 서로 다투고, 그 앙금은 다음 선거 때까지 그대로 이어진다. 또한, 새로운 지도자는 앞선 지도자의 정책을 하루아침에 뒤집음으로써 국가적인 손실을 초래하고, 앞선 지도자들의 문제들을 낱낱이 수사하여 형사적으로 처벌하는 일도 정권이 바뀔 때마다 일어난다. 따라서 1인의 지도자를 선출하는 선거를 하면 할수록 국가는 분열되고, 존경받는 어른이 남아나지 않게 되며, 국가적인 에너지는 낭비된다.

하지만 수레바퀴 헌법에서는, 6인의 국가중심인으로 구성된 국가중심체가 집단지성을 바탕으로 최선의 의사결정을 하므로 국가가 엉뚱한 방향으로 가지 않고, 국가중심인 한 사람에게 문제가 발생하더라도 국가중심체는 계속 유지되므로 국정이 안정되며, 1년에 1인의 국가중심인만 교체되므로 국정은 일관성을 유지하게 된다.

또한, 수레바퀴 헌법은 단 한 번이라도 국가중심인 선거에서 낙선한 사람은 다시는 국가중심인으로 출마할 수 없도록 규정한다. 따라서 국가중심인으로 당선될 때까지 반복해 출마하여 국가를 분열시키는 일은 일어나지 않는다. 하지만 낙선자는 그 인품에 따라 국가 원로로 대접받고, 당선된 국가중심인은 국가중심체의 일원으로서 업무를 수행한 후 퇴임하여 국가 원로가 된다. 따라서 적어도 1년에 1명 이상의 국가적인 어른이 배출되는 과정이 반복되므로 얼마 지나지 않아 국가에는 존경받는 어른들이 넘쳐나게 되고, 국민은 이를 자랑스럽게 여기므로 국가중심인 선거를 거듭할수록 국민은 하나로 통합된다.

국가중심인 선거가 1년에 1차례씩 실시되지만, 선거에 정당이 개입할 수 없고, 국가적인 사안을 국가중심인 1인이 독단적으로 결정할 수 없으므로 무책임하게 선거공약을 남발할 수 없다. 또한, 국가중심인 후보들은 공정한 언론을 통해 전 국민에게 자신이 누구이고 어떻게 살아왔으며, 앞으로 국가와 국민을 위해 무엇을 어떻게 하려는지, 충분히 알릴 기회를 부여받게 된다. 따라서 국가중심인으로 당선되기 위해 거대한 규모의 선거사무실을 차리고 사람들을 모으면서 분잡을 떨거나 돈을 쓸 이유가 없어지므로, 국가중심인 선거는 언제나 조용하면서도 실용적으로 치러지는 국가적인 축제가 된다.

대한민국의 경우, 현재 모든 국가권력은 집권당의 실질적인 당수인 대통령이 거의 장악한 상태다. 대통령과 집권당은 행정 · 입

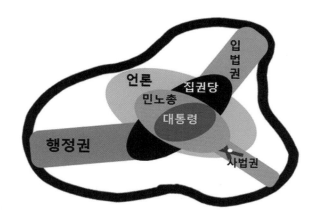

▲ 그림 28, 현 대한민국의 권력 구도

법·사법권은 물론 지방 권력·언론·여론조사기관·군·검찰·경찰·헌법재판소·선거관리위원회까지 장악했다. 이제 권력분립은 물론 야당의 견제마저 의미가 없어졌고, 모든 권력은 대통령, 민주노총, 집권당, 언론을 중심으로 〈그림 28〉처럼 떡처럼 뭉쳐지며 경직되고 있다. 그것은 공산당이 인민민주주의로 국민을 속이고, 모든 국가권력을 장악함으로써 떡처럼 뭉쳐지며 경직된 것과 비슷한 형국이다.

그로 인해 국민은 국가권력의 정점에서 쫓겨났고, 그나마 희미하게 남아 있던 국가의 구심력도 미약해지고 있다. 국가의 구심력이 약해짐에 따라 소용돌이 원리가 작동하지 않게 되었고, 그로 인해 대한민국은 급속히 분열되면서 사회 각 방면에서 수많은 문제가 발생하고 있다.

이 모든 위기의 근본 원인은 헌법이 불완전한 국가권력 구조와 정당제를 채택했기 때문이다. 그러므로 하루빨리 수레바퀴 헌법을 채택하여, 국민이 국가권력 구조의 핵에 자리 잡게 하여 국가의 구심력을 강화하고, 국가가 소용돌이 원리로 작동하게 하여 잘못된 국가권력 구조로부터 파생된 모든 문제를 일거에 해결해야 한다.

CHAPTER 9.
정의(正義)란 무엇인가?

정의는 '구성원 모두에게 이익이 되는 것'이라고 정의된다. 그렇다면 국가차원의 정의는 '국민 모두에게 이익이 되는 것'이다.

▲ 그림 29, 국민에게로 수렴하는 국가 권력들

국가는 정의로워야 한다. 국가가 정의로워지려면, 국가권력이 국민 모두의 이익이 되도록 행사되어야 한다. 국가권력이 국민 모두에게 이익이 되도록 행사되려면, 〈그림 29〉처럼 수레바퀴 헌법으로 국민이 국가권력 구조의 핵에 자리 잡아야만 한다. 이렇게 국민이 국가권력 구조의 핵에 자리 잡으면, 소용돌이 원리로 작동하는 국가권력의 모든 것은 구심력에 의해 국민에게로 수렴하게 된다. 따라서 모든 국가권력의 행사가 전체 국민에게 이익이 되므로 국가는 정의로워지게 된다.

그러나 정당이나 독재자가 국가권력 구조의 핵에 자리 잡으면 모든 국가권력은 정당이나 독재자에게로 수렴하고 그들에게만 이익이 된다. 따라서 그 국가는 불의(不義)가 지배하게 된다.

민주화는 국민이 국가권력 구조의 핵으로 자리 잡는 과정이자, 국민이 국가의 주인으로 올라선 수준이다. 그러므로 민주화란 국가가 정의로워지는 과정이자 정의로워진 척도이기도 하다. 민주화될수록 정의로워지는 것이다.

인류 역사는 더욱더 많은 국민이 국가권력 구조의 핵에 자리 잡아 감으로써, 결국 모든 국민이 국가의 주인이 되는 방향으로 나아가고 있다. 고대에는 왕이, 중세 봉건시대에는 왕과 봉건 귀족들이, 절대왕정 시대에는 다시 1인의 절대군주가 국가의 주인이었다. 그 후 근세 시민혁명을 거치며 점진적으로 전 국민이 국가의 주인으로 자리 잡아 가고 있고, 그렇게 인류의 역사는 정의로운 방향으로 진화하고 있었다.

그러나 공산국가는 일당독재 전체주의 국가이자, 1인 독재국가다. 공산주의자들은 일당독재와 1인 독재를 전 세계의 공산화 과정에 반드시 거쳐야만 하는 과도기적 현상이라고 주장하지만, 그 또한 거짓에 불과하고, 공산국가는 공산주의 이념으로 포장된 절대왕정의 한 가지 형태에 불과하다. 따라서 공산주의는 역사발전 방향을 역행시켜 인류를 불의의 방향으로 나아가게 하는 퇴행적인 이념이다.

민주주의국가는 정의와 불의가 혼재된 상태다. 선진 민주국가는 민주화가 상당히 진행되어 정의가 불의보다 우위를 점한 상태이지만, 후진 민주국가는 불의가 정의보다 우위를 차지한 상태다.

공산국가는 불의가 지배하는 나라다. 공산국가의 크고 작은 권력자들은 자신의 이익을 위해 국민의 생명·자유·재산을 빼앗고, 부정한 수단으로 축적한 재산을 외국으로 빼돌린다. 그 아래의 기업가들도 돈만 벌 수 있다면 수단과 방법을 가리지 않는다. 철근과 시멘트를 제대로 넣지 않고 건물·댐·다리를 건설하고, 품질이 떨어지는 철로 선박을 제조하며, 가짜 달걀과 가짜 쌀, 가짜 돼지고기까지 만들어낸다. 그런 풍조는 일반 국민에게까지 그대로 이어져 서로 속고 속이며 살아가는 아수라판 사회에 정의가 설 자리는 없다. 당연히 민심은 흉흉해지고, 국가 전체에 부정·부패·부실·불만·불공정·불투명·불량·불신이라는 불의가 만연하게 된다.

대한민국의 경우, 정의로워지는 과정에 있었다. 그러나 정당정

치의 폐해와 주변 공산국가의 영향으로 비민주적인 국가로 변모하면서 다시 정의가 사라지고 불의가 주도하는 사회로 나아가고 있다. 그 틈을 타 정치인, 대법관, 판사, 검사, 경찰, 기자, 방송인 등의 사회지도층이 국민을 무서워하지 않고 파렴치한 행동으로 자신의 이익만을 추구하고 있다. 이는 국가가 경직되며 소용돌이 원리가 작동하지 않아 나타나는 현상이다. 이런 추세가 계속되면 조만간 불의가 정의를 완전히 압도하게 될 것이다.

대한민국은 한동안 적폐 청산 작업으로 바빴다. 두 명의 전직 대통령들이 구속되어 있고, 전직 대법원장을 비롯한 고위 관직을 역임한 권력자들도 처벌받았다. 현재의 집권 세력은 과거의 권력자들을 모두 처벌함으로써 정의를 바로 세우겠다고 한다.

또한, 적폐라고 불리는 사람들이 저질렀던 것보다 더 큰 적폐가 현 정권에서 행해진 사실들이 드러나는 바람에, 국민은 분노하고 있다. 이에 야당은 자신들이 다시 정권을 잡으면 지금 잘못을 저지르고 있는 현 정권의 권력자들도 똑같이 처벌해서 진정한 정의를 보여주겠다고 한다.

전직 대통령들과 전 대법원장을 감옥에 가두고, 자신들과 다른 생각을 하는 자들을 모두 단죄하고, 정권이 바뀌어 같은 과정이 반복된다고 정의가 실현되는 것은 아니다. 왜냐하면, 이와 같은 일들은 끝없이 반복될 것이기 때문이다. 그런 것들은 같은 차원에서 벌어지는 똑같은 게임에 불과하다.

불의가 나무라면, 불의를 범한 자를 처벌하는 것은 그 나뭇잎을

따버리는 것이다. 그러나 불의라는 나무는 잎사귀 하나를 따내면, 3개의 잎사귀를 내밀면서 더욱더 거대하고 무성해진다. 따라서 잎사귀를 하나씩 따내는 방식으로는 결코 정의는 구현되지 않는다. 정의를 구현하려면, 불의의 뿌리를 파내고 그곳에 정의의 나무를 심어야 한다.

국가권력 구조의 핵은 국가의 뿌리다. 그곳에 정당이나 독재자가 자리 잡으면, 불의가 뿌리내리며 불의의 잎사귀들이 무성하게 되지만, 그곳에 국민이 자리 잡으면, 소용돌이 원리가 작동하므로 정의가 뿌리내리고 정의의 꽃을 피우게 된다. 그러므로 수레바퀴 헌법으로 불의의 뿌리를 파내고, 정의의 나무를 심어야 한다.

또한, 대한민국은 사법부와 검찰의 독립 문제, 대통령 권한의 축소 문제, 적폐 척결 문제, 빈부격차 문제, 국회의원 자율권 문제, 대통령과 국회의 과도한 밀착 문제, 정당들 사이의 대립 문제, 정당 민주화의 문제, 어리석거나 특정 이념에 치우친 지도자의 문제, 과격하고 정치화된 노동조합 문제, 정당공천 문제, 국민이 분열하는 문제, 인구가 줄어드는 문제 등으로 골머리를 앓고 있다.

만일 이런 문제들을 하나씩 차례대로 해결하려 한다면 수백 년이 걸려도 결코 해결할 수 없을 것이다. 왜냐하면, 이런 문제들은 서로 얽혀있어 한 가지 문제를 해결하려 하면 더 많은 문제가 생기면서 더욱더 복잡하게 얽히기 때문이다. 이렇게 복잡하게 얽혀있는 수많은 문제를 한꺼번에 해결하려면 이 모든 문제의 공통적인 뿌리를 파내야 한다.

국가적 차원에서 발생하는 수많은 문제는 국가의 핵에 불의가 뿌리내리고, 그것이 자라 주변으로 확산하며 나타나는 지엽말단적인 증상에 불과하다. 국가의 핵에 정당이라는 불의가 뿌리내리면, 수많은 문제가 날마다 끊임없이 꼬리를 물고 등장하는 것이다. 그러나 수레바퀴 헌법으로 국민이 국가의 핵에 자리 잡으면, 소용돌이 원리가 작동하므로 모든 국가적인 문제는 한순간에 증발하듯이 사라지게 된다.

　플라톤(Plato)은 정의로운 국가는 천국에서만 가능한 '이상 국가'라며, 현실 세계에서 정의로운 이상 국가를 실현하는 것은 불가능하다고 했다.
　하지만 대한민국이 수레바퀴 헌법을 채택하면, 현실의 이 세상에서 널리 인간을 이롭게 하게 된다. 이는 재세이화(在世理化)·이도여치(以道與治)·광명이세(光明理世)·홍익인간(弘益人間)이라는 한민족의 건국이념과 플라톤이 꿈꾸던 정의로운 이상 국가를 지상 세계에 실현하는 것이다.
　수레바퀴 헌법을 채택하면, 대한민국은 정의로운 이상 국가가 될 것이다. 정의로운 이상 국가는 국민이 주인인 나라, 모든 국민이 하나로 통합된 나라, 자유로운 나라, 진실이 지배하는 투명한 나라, 사랑으로 하나 된 나라, 생명력이 넘치는 건강한 나라, 아름다운 문화로 세계를 선도하는 나라일 것이다.

CHAPTER 10

새로운 인류의 탄생

  국민은 국가권력 구조의 핵 또는 그 밑바닥, 단 두 곳에만 자리
잡을 수 있다. 그 외에 국가권력 구조에서 국민이 자리 잡을 곳은
없다. 국가권력 구조의 핵은 주인의 자리고, 그 밑바닥은 노예의
자리다.

▲ 그림 30. 국가의 주인으로 존재하는 국민

〈그림 30〉처럼 국민이 국가권력 구조의 핵에 자리 잡으면, 국민은 국가의 주인으로서 주인의 권력(主權)을 행사하며 주인의 삶을 살게 된다. 주인의 삶은 자유롭고 밝고 희망차다.

그러나 〈그림 31〉처럼 국가권력에 휘둘리거나, 〈그림 32〉처럼 그 밑바닥에 깔리면, 국민은 주인의 권력을 빼앗긴 채 피치자 또는 노예의 삶을 살게 된다. 노예의 삶은 속박되고 어둡고 절망으로 가득하다. 아무런 권리도 없는 노예는 부당한 국가권력에 저항하는 것도 무릎을 꿇고 권력에 읍소하며 권력의 자비를 바라는 방식으로 행한다.

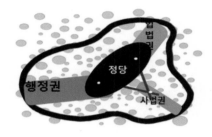

▲ 그림 31. 피치자로서의 국민 　　　▲ 그림 32. 노예로서의 국민

지금 미국과 중국공산당은 미래 인류의 삶을 놓고 전쟁을 벌이고 있다. 이 전쟁에서 미국이 승리하면 인류는 주인의 자리에 한 발자국 더 가까이 가게 되지만, 중국공산당이 승리하면 인류는 공산당의 노예로 전락하게 될 것이다. 지금 인류는 주인의 삶과 노예의 삶의 갈림길에 서 있는 것이다.

이번 전쟁의 승패는 국가의 효율성이 좌우하게 된다. 상대적으로 더 효율적인 국가가 승리하는 것이다. 국가의 효율성은 국가 운영시스템이 결정한다. 그것은 컴퓨터의 효율성은 컴퓨터 운영시스템이 결정하는 것과 같다. 하드웨어가 똑같은 컴퓨터라도 DOS에서 Window로 컴퓨터 운영시스템이 바뀌면, 작업의 속도와 효율성 등에서 비교할 수 없을 정도로 효율성은 향상된다.

헌법은 국가 운영시스템이다. 그러므로 상대적으로 더 효율적인 헌법을 채택한 국가는 더 효율적으로 작동하여 국가경쟁에서 승리하고 세계사를 주도한다. 그 좋은 예가 영국과 미국이다.

영국은 전제군주제가 지배하던 17세기에 상대적으로 효율적인 의회 중심의 입헌군주제 헌법을 세계 최초로 채택함으로써 약 200년간 지구촌을 주도했다. 미국은 18세기에 입헌군주제보다 상대적으로 더 효율적인 대통령중심제 헌법을 세계 최초로 창안하여 효율적으로 국가를 운영함으로써 영국에 이어 지금까지 약 100년 동안 지구촌을 이끌고 있다.

영국과 미국의 헌법은 어떤 점이 우수해서 상대적으로 효율적일까? 영국과 미국의 헌법은 그 시대에 다른 국가들에 비해 상대적으로 더 민주적이어서 국민의 자유가 보장되었기에 더 효율적일 수 있었다. 민주적일수록 더 많은 숫자의 자유로운 국민이 국가권력 구조의 핵에 자리 잡게 되므로, 국가의 구심력은 강해지고 국가는 소용돌이 원리로 작동한다. 그러므로 민주화될수록 국가의 효율성은 증대된다.

결국, 미국은 위기를 극복하고, 이번 전쟁에서 승리할 것이다.

왜냐하면, 미국은 현재 지구촌에서 가장 민주적이고 효율적인 국가 운영시스템으로 작동하기 때문이다. 또한, 미국에는 국가의 주인으로 행동하는 수억 명의 자유롭고 강건한 국민이 존재하므로 국가의 구심력이 강하고, 애국심이 충만한 세계 최고의 군대가 나라를 지키고 있으므로 외국의 침입에 효과적으로 대응하기 때문이다.

▲ 그림 33. 산산이 부서진 공산국가의 권력 구조

그에 반해 딱딱하게 경직된 중국공산당의 국가 운영시스템은 겉으로는 강해 보여도 실제로는 불의의 지배를 받는 허약하고, 구심력이 약한 비효율적인 구조다. 따라서 소용돌이 원리로 작동할 수 없으므로 위기가 닥치면 〈그림 33〉처럼 내부로부터 분열되어 산산이 흩어지면서 붕괴할 수밖에 없다.

그러므로 미국은 승리할 수밖에 없다. 그러나 이번 전쟁을 통해 미국의 취약성도 그대로 드러났다. 만일 중국공산당이 조금만 더 시간을 가지고 철저히 준비했다면, 미국도 통일 전선 전술에 의해 붕괴하면서 여러 개의 국가로 분열되거나, 암적인 공산국가로 전

락함으로써 전 지구촌은 공산당의 수중으로 들어갔을 것이다.

미국의 취약성은 완전한 민주화를 이루지 못해 소용돌이 원리가 제대로 작동하지 못했기 때문이고, 미국이 완전히 민주화되지 않은 것은 헌법의 국가권력 구조가 잘못 만들어졌기 때문이다.

수레바퀴 헌법은 국가의 구심력을 강하게 하여, 소용돌이 원리로 작동하게 하는 가장 효율적인 헌법이다. 따라서 수레바퀴 헌법을 채택한 국가는 가장 효율적으로 작동하므로 어떠한 내·외부적인 충격도 이겨내고 동해물과 백두산이 마르고 닳도록 존재하게 된다.

그러므로 어떤 국가라도 수레바퀴 헌법을 채택하면, 그 국가의 영토·인구 등 하드웨어는 그대로라도 그 성능은 믿을 수 없을 정도로 업그레이드된다. 그러므로 대한민국을 비롯한 지구촌의 모든 국가는 하루빨리 수레바퀴 헌법을 채택해야 한다.

수레바퀴 헌법을 채택하는 데 필요한 것은 국민의 결단뿐이다. 정당이 씌워놓은 분열의 틀을 벗어 버린 국민이, 수레바퀴 헌법을 채택하기로 결단하는 순간, 그 나라는 수레바퀴 헌법을 보유하게 된다.

독재자의 강압이나 국회의원의 숫자 따위는 의미가 없을 것이고, 헌법 개정절차는 요식행위에 지나지 않을 것이다. 국민이 결단하는 순간 모든 상황은 종료될 것이다. 왜냐하면, 국가의 주인은 국민이고, 주권은 국민이 가지고 있으며, 유일한 헌법제정 권

력은 국민이기 때문이다. 그래서 예로부터 '백성(百姓)은 하늘'이라
고 했다.

국민이 결단하는 순간, 그것은 준엄한 하늘의 명령으로 드러나
게 된다. 그것은 좌파와 우파, 보수와 진보, 학연과 지연, 남과
여, 노인과 젊은이로 분열된 국민이 아닌 하나로 통합된 국민한테
서 나온 지엄한 명령이다. 그것은 정당과 위정자(爲政者)에게 위임
했던 권력을 다시 회수하여 주권자로서 국민이 직접 권력을 행사
하겠다는 최고 존엄의 명령이다. 그러므로 정당과 위정자들은 반
드시 그 명령을 받들어야만 하고, 이에 불응하면 반역죄로 처벌될
것이다.

지구촌에서 가장 먼저 수레바퀴 헌법을 채택한 국가는, 다른 국
가들에 비해 가장 빠르게 발전하여 지구촌을 선도할 것이다. 그에
따라 지구촌의 다른 국가들도 수레바퀴 헌법을 채택할 것이고, 얼
마 지나지 않아 지구촌의 모든 국가 운영시스템은 수레바퀴 헌법
으로 통일될 것이다.

지구촌 국가 운영시스템이 수레바퀴 헌법으로 통일되면, 수레바
퀴 헌법을 매개로 지구촌은 하나의 국가로 통합될 것이다. 그것은
Window로 컴퓨터 운영시스템이 통일되면서 전 세계의 컴퓨터들
이 인터넷을 통해 하나로 통합된 것과 같은 이치다.

하나로 통합된 지구촌은 하나의 지구 공화국을 창설할 것이다.
지구 공화국 또한 가장 효율적이고 민주적인 수레바퀴 헌법을 채

택할 것이고, 지구 공화국의 권력 구조에도 바퀴통 형태의 지구중심체가 설치될 것이며, 지구 권력 구조의 핵에는 자유민주주의를 핵심가치로 공유하는 전 인류가 자리 잡게 되므로 지구 공화국의 구심력은 강력할 것이다.

강력한 구심력을 지닌 지구 공화국은 소용돌이 원리로 작동하고, 그에 따라 지금까지 인류가 여러 개의 국가로 분열됨으로써 비롯되던 지구 차원의 수많은 문제는 한순간에 해결될 것이다. 그것은 세포가 소용돌이 원리로 작동하면 질병 · 비만 · 암 · 바이러스 등 세포 차원의 모든 문제가 사라지고, 국가가 소용돌이 원리로 작동하면 국가 차원의 모든 문제가 일거에 사라지는 것과 같은 이치다.

그러므로 지구 공화국이 소용돌이 원리로 작동하면, 지구촌에는 전쟁이 영원히 사라질 것이고, 독재 · 기아 · 빈곤 · 전쟁 · 약탈 · 지구온난화 · 에너지 · 물 부족 · 무역 · 채무 · 성장 · 분배 등등 그동안 인류를 고통스럽게 했던 수많은 문제도 한순간에 그 뿌리가 잘리면서 증발하듯이 사라질 것이다. 그리고 인류는 미증유의 번영을 누리게 될 것이다.

수레바퀴 헌법은 지구촌의 밑바닥부터 꼭대기까지 모든 것을 완전히 갈아엎고 재배열할 것이다. 그것은 정당과 독재자에서 국민과 인류로 국가와 지구 권력 구조의 핵이 교체되고, 국민과 인류가 모든 국가와 지구촌의 핵에서 강력한 구심력을 발휘하여 국가와 지구촌을 소용돌이 원리로 작동시키기 때문이다.

그러므로 지구촌의 모든 요소는 국민과 인류를 중심으로 재배열되면서 자기 자리를 찾아가게 될 것이다. 눈이 있어야 할 곳에 눈이, 귀가 있어야 할 곳에 귀가 있게 되는 것이다. 뒤죽박죽 뒤엉켜 있던 모든 것들이 제자리를 찾게 되는 것이다.

그 과정에서 깊숙이 뿌리내리고 있던 구시대의 낡고 칙칙한 요소들은 저절로 물러가고 새로운 질서가 드러날 것이다. 낡은 이념·낡은 생각·낡은 지식·낡은 정치·낡은 권위·낡은 시스템·낡은 패러다임 등등, 낡은 시대는 가고 새로운 시대가 열릴 것이다.

물론 욕망에 사로잡힌 정당과 독재자들과 그 추종자들, 작은 지식에 매몰된 전문가들, 틀에 박힌 이론만 달달 외워 말로만 떠드는 학자들을 비롯한 기존의 크고 작은 권력자들의 저항은 있을 것이다. 하지만 그것은 굴러가는 수레바퀴를 막아서는 사마귀 꼴이 될 것이다.

그러므로 수레바퀴 헌법을 만들고, 소용돌이 원리에 따라 지구촌의 모든 것들이 재배열되면서 하나로 통합되는 과정은 '거대한 혁명'이 될 것이다. 그것은 총·칼도 없고, 구호도 없고, 깃발도 없고, 성난 군중도 없는 '조용한 혁명'이고, 불의의 뿌리를 잘라버리는 '정의의 혁명'이며, 찌그러지고 왜곡된 세상을 반듯하게 펼치는 '중심의 혁명'이다. 그 혁명 속에서 인류는 새로운 인류로 진화하여, 새로운 시스템·새로운 문명을 탄생시킬 것이다.

새로운 인류는 현실을 있는 그대로 보고, 그 현실을 바탕으로 미래를 창조한다. 그들은 헛된 망상에서 깨어난 것이다. 그들은 공산 독재국가의 현실을 있는 그대로 보므로 공산주의는 망상이라는 것을 깨닫는다. 따라서 인류는 공산주의라는 망상을 현실에 투영하지 않는다.

또한, 그들은 자신의 몸도 소용돌이 원리로 이루어져 있음을 안다. 따라서 그들은 자신의 몸을 소용돌이 원리로 수련함으로써 상하좌우로 활짝 펼쳐지게 한다. 활짝 펼쳐진 그들은 반듯하게 앉고, 반듯하게 서며, 반듯하게 걷고, 깊이 호흡한다. 이제 그들은 고타마 붓다처럼 치우침 없이 바르게 세상을 보고(正見), 바르게 생각하며(正思惟), 바르게 말하고(正語), 바르게 실천하며(正業), 바르게 생활하고(正命), 바르게 노력하고(正精進), 바르게 깨어 있으며(正念), 바르게 마음의 평정을 유지(正定)하게 된다. 또한, 그들은 예수 그리스도처럼 소용돌이의 중심에 거하는 영혼(신, 여호와, 알라, 브라만, 아트만, 절대자, 나는 나, 하나님, 하느님, 하늘, 붓다, 공, 무, 참나, 진아 등등)을 발견하고, 영혼의 의지로, 영혼의 능력으로 살아가게 된다.

이제 그들은 죽은 후에 천국이나 지옥에 가는 것에 관심을 두지 않는다. 그들의 관심은 오로지 지금 살고 있는 지구촌을 어떻게 천국으로 만들 것인가에 집중된다. 그들은 영혼의 의지와 능력을 사용하여 지구촌을 천국으로 변화시킨다. 그리하여 서로 헐뜯고 미워하고 속이는 승자독식(勝者獨食)의 아수라판 오징어 게임 시스템을, 서로 북돋워 주고 사랑함으로써 모두가 승자가 되는 유토피

아판 소용돌이 시스템으로 대체함으로써 지상낙원을 건설한다.

그러므로 그들의 문명은 정치·경제·사회·문화·종교·교육 등등의 모든 분야에서 기존의 문명과 본질에서 다르다. 그들의 문명에 비하면 기존의 문명은 너무도 유치해서 문명이라고 칭하기에도 부끄러울 것이다.

지금 지구촌은 엄청난 전환의 시기를 겪고 있다. 이제는 누구라도 그것을 느낄 수 있다. 이것은 전에 없던 일이고, 앞으로도 이렇게 중대한 전환의 시기는 두 번 다시 오지 않을 것이다. 낡은 시대는 가고 새로운 시대가 열리고 있다. 지구촌을 시체처럼 질질 끌며 유지해온 낡은 시대는 저 스스로 무덤을 파왔고, 지금 그 무덤 옆에 서 있다.

약간만 밀면 된다. 틀에 박힌 고정관념에서 빠져나와 수레바퀴 헌법으로 약간만 밀면, 낡은 시대는 스스로 무덤 속으로 굴러떨어지고, 새로운 인류·새로운 시스템·새로운 문명이 시작될 것이다.

참고서적

- 오쇼 라즈니쉬, 손민규 역, 『반야심경(The Heart Sutra)』, 태일 출판사, 2011.
- 오쇼 라즈니쉬, 손민규 역, 『금강경(The Diamond Sutra)』, 태일 출판사, 2011.
- 오쇼 라즈니쉬, 손민규 역, 『법구경(The Dhammapada: The Way of the Buddha) 2』, 태일 출판사, 2012.
- 오쇼 라즈니쉬, 손민규 역, 『조르바 붓다의 혁명(The Rebel: The Very Salt of The Earth)』, 젠토피아, 2013.
- 콜럼 코츠, 유상구 역, 『살아있는 에너지』, 도서출판 양문, 1998.
- 에모토 마사루, 양억관 역, 『물은 답을 알고 있다』, 나무심는사람, 2002.
- 최인호, 『B순환』, 천지인, 2010.
- 최인호, 『나는 누구인가』 도서출판 지식공감, 2016.
- 최인호, 『중심의 비밀』 도서출판 지식공감, 2019.
- 최인호, 『질병의 뿌리』 도서출판 지식공감, 2020.
- 최인호, 『정당은 바이러스다』 도서출판 지식공감, 2021.

수레바퀴 헌법

초판 1쇄 2022년 1월 3일

지은이 최인호
발행인 김재홍
디자인 현유주 김혜린
마케팅 이연실

발행처 도서출판지식공감
등록번호 제2019-000164호
주소 서울특별시 영등포구 경인로82길 3-4 센터플러스 1117호(문래동1가)
전화 02-3141-2700
팩스 02-322-3089
홈페이지 www.bookdaum.com
이메일 bookon@daum.net

가격 11,500원
ISBN 979-11-5622-668-0 03360